城市轨道交通运营地下车站拓建关键技术研究

朱瑞喜　李　围　胡德华　梁晓亮　刘　邦　著

中国铁道出版社有限公司

2019年·北　京

内容简介

依托深圳地铁7号线石厦站与3号线换乘节点工程，利用施工安全风险评估法、有限元数值模拟方法、现场监测、施工工艺开发与总结的综合研究方法，在对城市轨道交通运营地下车站拓建施工安全风险评估的基础上，进行了施工方案优化，提出了施工安全控制技术，首次创新地开发了“城市轨道交通运营地下车站拓建关键技术”，并利用有限元方法对拓建过程力学行为进行了三维仿真分析，最后采用地下车站拓建自动化监测结果进行了对比分析。该研究成果形成了“运营线路地铁车站换乘节点逆作施工工法”，详细解决了地下连续墙封闭、全断面注浆、分层分部开挖断面大小、顺序与支护、结构受力体系转换等城市轨道交通运营地下车站拓建中的关键难题，获批湖南省2017年度工程建设省级工法。该研究成果可为今后我国地铁车站的“拓建”提供引领和示范作用，作为主要创新点之一，荣获中国电力建设集团2018年度科学技术奖特等奖、中国施工企业管理协会2018年度科学技术奖特等奖。

本书可作为城市轨道交通土建工程施工、设计、监理和建设管理技术人员以及高校和高职师生的参考用书、继续教育用教材或选修课教材。

图书在版编目(CIP)数据

城市轨道交通运营地下车站拓建关键技术研究/朱瑞喜等著.—北京:中国铁道出版社有限公司,2019.9

ISBN 978-7-113-26157-3

Ⅰ.①城… Ⅱ.①朱… Ⅲ.①地下铁道车站-换乘站-工程施工-研究 Ⅳ.①U231.4

中国版本图书馆CIP数据核字(2019)第178918号

书　　名：城市轨道交通运营地下车站拓建关键技术研究
作　　者：朱瑞喜　李　围　胡德华　梁晓亮　刘　邦

策　　划：陈小刚
责任编辑：张　瑜　　编辑部电话：010-51873017
封面设计：刘　莎
责任校对：焦桂荣
责任印制：高春晓

出版发行：中国铁道出版社有限公司（100054，北京市西城区右安门西街8号）
网　　址：http://www.tdpress.com
印　　刷：北京铭成印刷有限公司
版　　次：2019年9月第1版　2019年9月第1次印刷
开　　本：710 mm×1 000 mm　1/16　印张：9.75　字数：173千
书　　号：ISBN 978-7-113-26157-3
定　　价：49.00元

作者简介

朱瑞喜,男,1962年6月出生,河南省清丰县人,中共党员,本科学历,高级工程师,一级建造师,现任中国电建集团铁路建设有限公司副总经理兼中电建南方建设投资有限公司党委书记、董事长。先后参与了荆沙铁路、神朔铁路、侯月铁路二期、京九铁路衡商段、邯济铁路、宁启铁路、上海浦东铁路、合宁铁路、京沪高速铁路、沪宁城际铁路以及深圳地铁4、5、7、9、10、12号线等项目,曾荣获中国铁路工程总公司企业管理协会"优秀项目经理",中国铁道工程建设协会"中国铁路施工企业优秀项目经理",山西省劳动竞赛"个人一等功",上海浦东铁路工程建设指挥部"先进个人",中华全国铁路总工会"火车头奖章",山西省劳动竞赛"五一劳动奖章",京沪高速铁路项目部"京沪高速铁路决战66天劳动竞赛优秀项目经理",中国施工企业管理协会"全国工程建设优秀项目经理",中国中铁股份有限公司"优秀项目经理",深圳市地铁集团有限公司"深圳地铁7号线优秀管理者"等荣誉。

李围,男,1979年7月出生,贵州省德江县人,2006年毕业于西南交通大学桥梁与隧道工程专业获工学博士学位(师从我国著名的隧道工程专家何川教授),教授。先后工作于贵州大学和中国电建铁路公司等,任副教授、教授、副总工,荣获贵州省优秀青年科技人才,瑞士联邦理工大学访问学者,师从国际著名的岩石力学和隧道工程专家J.ZHAO教授。担任国家自然科学基金同行评议专家、《工程力学》和《岩土工程学报》EI收录期刊审稿人。截至目前,先后主持省部级课题4项,主持地铁和公路隧道施工技术研究横向项目10余项,发表论文60余篇(其中,第一作者EI收录9篇,第一作者核心期刊20余篇),获授权发明专利1项、申请发明专利10余项,获中国施工企业管理协会科学技术奖特等奖1项、贵州省科技进步奖三等奖1项、全国商业科技进步奖三等奖1项。出版专著《城市轨道交通快速铺轨关键设备研制与应用》、《地铁叠线盾构区间隧道下穿高铁轨道群施工关键技术》、《地铁场段出入线超大断面隧道群施工关键技术》、《隧道及地下工程ANSYS实例分析》、《隧道及地下工程FLAC解析方法》,主编《ANSYS土木工程应用实例》和《土木工程概论》,副主编《复杂环境条件下地铁土建施工技术创新与实践》和《地铁工程施工技术》,参编《地下工程》。

胡德华,男,1967 年 3 月出生,河南省信阳市人,本科学历,高级工程师,一级建造师,现就职于中电建南方建设投资有限公司。曾参与过北京地铁 1 号线,深圳地铁 1、2、4、7、9、10、12 号线,深圳水库流域污水截排隧道工程,湖贝路、竹子林地下通道工程,湖北恩施许家坪隧道工程等项目管理,发表论文数篇,参与的科研项目多次荣获实用新型专利及省部级工法,曾荣获中铁隧道集团"青年科技拔尖人才"、中国电建集团"安全生产先进个人"、电建铁路公司"优秀科技先进个人"和"先进生产(工作)者"、深圳市地铁集团有限公司"深圳地铁 7 号线优秀建设者"等荣誉。

梁晓亮,男,1975 年 7 月出生,广东省罗定市人,1997 年毕业于中山大学应用力学专业,高级工程师,现任中国水利水电第八工程局有限公司深圳地铁 12 号线土建一工区总工程师。先后参与了北京地铁 4 号线、无锡蠡湖隧道、武汉地铁 2 号线、广州地铁 3 号线延长线、广州生物岛~大学城沉管隧道、台山核电站取水隧洞、深圳地铁 3 号线、长沙南湖路湘江隧道、深圳地铁 7 号线、深圳地铁 5 号线南延段、深圳地铁 12 号线等工程项目,发表论文数篇,获授权实用新型专利 1 项,省部级工法 2 项。历任工程部部长、项目副总工、项目总工程师。2016 年被深圳地铁 7 号线 BT 项目建设指挥部评为深圳"深圳地铁 7 号线建设功臣";2017 年被深圳市地铁集团有限公司评为深圳地铁 2016 年度主体工程优秀管理人员。

刘邦,男,1983 年 11 月出生,湖北省随州市人,2005 年毕业于长沙理工大学水利水电工程专业,高级工程师,现任中国水利水电第八工程局有限公司铁路公司副总经理。先后参与了黔贵铁路、南水北调中线直管项目、汶川至马尔康公路改建项目、深圳地铁 7 号线、深圳 1 号线鲤前区间隧道纠偏项目、深圳地铁 5 号线、福州地铁 5 号线、福州地铁 6 号线、长沙地铁 6 号线工程。发表论文数篇,获授权发明专利 1 项、省部级工法 3 项、中国施工企业管理协会科学技术进步奖 1 项、中国电建科学技术奖 1 项、公司级科学技术进步奖 3 项。先后担任了工程部部长、项目副总工、项目总工程师、项目经理、分公司副总经理;先后荣获公司"十佳青年"、公司"先进生产(工作)者"、公司"优秀共产党员"、公司"鲲鹏杯"十杰青年、深圳地铁 7 号线 BT 项目建设指挥部"深圳地铁 7 号线建设功臣"、2016 年度深圳地铁集团"优秀项目经理"、2016 年度中国电建集团"青年岗位能手"。

前　言

截至2017年底，我国城市轨道交通开通运营的城市达到了29个，运营线路118条，总里程3 862 km。但是，由于我国轨道交通开建很晚，于21世纪初才全面开建，故轨道交通占公共交通的比例很小。如上海，虽然已成为世界上开通运营轨道交通里程最多的城市，达到了680 km，但其轨道交通的运量占公共交通的比例才刚超过50%，与国际化大都市的差距非常大，例如日本东京轨道交通的运量占公共交通的比例达到了86%。而且上海轨道交通的多条线路已经超负荷运营，上下班高峰时段拥挤不堪，增加了市民的上班通勤时间，严重影响了市民的出行安全和舒适度。目前，我国城市交通拥堵问题除了超大城市、一线城市和二线城市比较严重外，已经波及到一线地级市这种三线城市，如徐州和南通等，为解决交通拥堵问题也不得不规划修建城市轨道交通。因此，我国城市轨道交通的发展潜力巨大。

城市轨道交通要求换乘站同期建设各条线路的车站并预留接口，待后期线路区间施工完成后，打开接口进行连接、换乘和运营。但是，当先期车站未施作后期车站结构和接口时，需要采取“拓建”技术暗挖施工换乘节点等结构。如深圳地铁7号线石厦站是7号线和3号线的换乘站，呈“L”型换乘，但是先期仅施工了换乘节点地下一层和二层结构，3号线已开通运营，换乘节点地下三层因种种原因并未施作，因此需要“拓建”车站换乘节点的地下三层结构。

由于换乘节点地下三层的拓建是在富水软土地层中暗挖逆作，并涉及多种工法（小导洞开挖、旋喷注浆加固止水、狭窄空间施作人工挖孔桩和分层分块开挖），故对3号线运营安全产生不利影响，甚至可能导致地铁列车停运，从而造成巨大的经济损失和不良的社会影响。因此，开展“城市轨道交通运营地下车站拓建关键技术”的研究具有重要意义。

依托深圳地铁7号线石厦站与3号线换乘节点工程，利用施工安全风险评估法、有限元数值模拟方法、现场监测、施工工艺开发与总结的综合研究方法，在对城市轨道交通运营地下车站拓建施工安全风险评估的基础上,进行了施工方案优化,提出了施工安全控制技术,首次创新地开发了“城市轨道交通运营地下车站拓建关键技术”,并利用有限元方法对拓建过程力学行为进行了三维仿真分析,最后采用地下车站拓建自动化监测结果进行了对比分析。该研究成果形成了“运营线路地铁车站换乘节点逆作施工工法”,详细解决了地下地连墙封闭、全断面注浆、分层分部开挖断面大小、顺序与支护、结构受力体系转换等城市轨道交通运营地下车站拓建中的关键难题,获批湖南省2017年度工程建设省级工法。该研究成果为今后我国地铁车站的“拓建”提供了引领和示范作用,作为主要创新点之一,荣获中国电力建设集团2018年度科学技术奖特等奖、中国施工企业管理协会2018年度科学技术奖特等奖。

该研究成果直接应用于深圳市地铁7号线石厦站与3号线换乘节点工程,实现了城市轨道交通运营地下车站拓建的成功案例。随着我国城市轨道交通的深入发展,换乘节点工程和老旧车站的扩能将不断涌现,本研究成果具有广阔的应用前景和实用价值以及显著的社会、经济效益。

本书的第1章、第2章、第3章和第8章由朱瑞喜撰写,第4章由刘邦撰写,第5章由李围撰写,第6章由梁晓亮撰写,第7章由胡德华撰写,全书由李围统稿并担任通讯作者。

本书在撰写过程中参阅了许多专家学者发表的论文,在此表示真诚的感谢!

由于时间仓促和水平有限,书中难免出现错误或表述不妥之处,诚恳期望同行专家及读者批评指正,作者在此表示衷心的感谢!

作　者

2019年3月于深圳

目　　录

第1章 绪　　论

1.1 立项背景与意义

随着我国城镇化进程的快速发展,越来越多的大城市相继出现,因人口的聚集和汽车的快速增长,导致城市道路交通十分拥堵,直接影响了市民的生活与工作,更制约了城市的可持续发展。因此,以地铁为主的城市轨道交通因具有大运量、快速、舒适、准时、环保等优点成为世界各国解决大城市交通拥堵问题的首选方式[1]。

我国除了一线和二线城市在大力发展轨道交通外,城市人口的迅速增加导致交通拥堵问题已经波及到三线城市,如常州和南通等,为解决交通拥堵问题也不得不规划修建城市轨道交通[2]。

截至2017年底,我国城市轨道交通开通城市29个,运营线路118条,总里程3 862 km。但是,由于我国轨道交通开建很晚,于21世纪初才全面开建,故轨道交通占公共交通的比例很小。例如,上海运营里程突破了680 km,成为世界上轨道交通运营里程最多的城市之一,但其轨道交通的运量占公共交通的比例刚过50%,与国际化大都市的差距非常大,日本东京的轨道交通的运量占公共交通的比例达到了86%[3]。而且上海轨道交通的多条线路已经超负荷运营,上下班时间拥挤不堪,轨道交通还需大力建设。

"十三五"是我国城市轨道交通建设的高峰期,2016年新增790 km,2017年新增854 km,远超过"十二五"期间年均新增380 km。到2020年城市轨道交通运营里程将达到8 500 km,比2015年新增近5 000 km,总投资2.6万亿元~3万亿元。

城市轨道交通建设中遇到的环境和地质以及气候条件都十分复杂,导致施工技术难度大、安全风险高,许多技术难题亟需研究解决。如李围等人进行了盾构隧道近接下穿地下大型结构施工影响研究[4]和大型地下结构下修建盾构隧道模型试验[5],孟庆明提出了膨胀岩地铁车站深基坑快速施工技术[6],杨永杰等人研究了高寒地区地铁地连墙防水体系构建及施工技术[7]。

近年来,随着城市轨道交通建设的快速发展,工程技术人员开始研究"拓建增层或扩挖技术",如李围等人进行了配合盾构法建成三连拱地铁车站模型试验研究[8]和扩挖盾构隧道建成两连拱地铁车站模型试验[9];刘昕依托广州市轨道交通6号线东山口站,应用数值模拟方法对隧道扩挖施工工序进行分析,提出了“两台阶四步开挖法”扩挖左线盾构隧道修建地铁车站[10]。

由于近些年我国大城市尤其是特大城市人口数量增加极快,导致对轨道交通的规划与建设相对滞后,出现了部分先期建设的车站未预留与后期车站的快捷换乘结构,只能采取通道的方式解决换乘问题。如北京地铁西直门站是2号、13号和4号线三线换乘车站,因2号线建设的比较早,导致13号线和4号线与2号线间只能采用通道换乘,且换乘通道很长,需要步行5 min左右,高峰期则需要10~15 min[11]。

因未同期建设换乘站导致的通道换乘还有北京地铁10号线与1号线国贸站换乘通道[12]、上海地铁11号线和9号线与1号线徐家汇站换乘通道[13]、广州地铁6号线与2号线海珠广场站换乘通道[14]等。

城市轨道交通要求换乘站同期建设各条线路的车站并预留接口,待后期线路区间施工完成后,打开接口进行运营换乘连接。但是,当先期车站未施作后期车站结构和接口时,需要采取“拓建”技术暗挖施工未施作部分结构和接口。

深圳地铁7号线石厦站是3号线和7号线的换乘站,呈“L”型换乘,但是先期仅施工了换乘节点地下一层和二层结构,并已通车运营,换乘节点地下三层因各种原因并未施作,需要“拓建”换乘节点地下三层结构。

石厦站位于福民路与石厦北二街交叉路口,新建7号线与已建地铁3号线在石厦站形成“L”换乘。石厦站位于福民路上,呈东西向分布,与已建3号线在南侧换乘节点实现接驳。换乘节点东西长40.2 m,宽19.5 m,由地铁3号线预留,为叠合结构,原设计采用顺作法同期施工,但是先期仅施工了换乘节点基坑的围护结构,地下一层和二层结构已施作完成,并已通车运营,换乘节点处地下连续墙、地下三层的8根抗拔桩和结构柱已通过逆作法完成施工,但有3幅地连墙未完成施工,仅逆作施工到负二层板下约1 m。主要因未封闭的3处连续墙产生渗漏水,可能造成负三层开挖引起原石厦站结构变形及3号线轨道沉降,影响3号线的运营安全,是该工程最大的施工风险。

由于换乘节点地下三层的拓建是在富水软土地层中暗挖逆作,并涉及多种工法(小导洞开挖、旋喷注浆加固止水、狭窄空间施作人工挖孔桩和分层分块开挖),故对既有3号线运营安全产生不利影响,甚至可能导致地铁列车停运,从而造成巨大的经济损失和不良的社会影响。

因此,开展“城市轨道交通运营地下车站拓建关键技术”的研究具有重要意义,形成一套“车站拓建关键技术”,可为今后类似工程换乘节点等车站结构的拓建提供引领和示范作用。

1.2 国内外研究现状

换乘节点工程都是前期工程预留，换乘节点的施工对既有车站的正常运营可能产生较大影响，引起了许多工程建设者和专家的重视。为了保证工程施工安全，必须进行换乘节点工程施工工艺的研究，以便减小对既有地铁正常运营的影响。

1. 关于换乘车站换乘节点施工对既有车站结构的影响

杨世东等[15]对换乘节点的设计及施工技术进行了研究，并给出了换乘节点远期站的施工方法。其采用结构分析、理论计算及实践验证等方法对盖挖换乘站桩柱预留形式进行了系统地研究与总结，包括：结合远期站施工工况，利用有限元结构计算软件对换乘节点在不同施工工况下的受力特点进行了分析，分析了换乘节点处构件随远期站施工工况转换下的内力变化规律，给出了控制工况；系统研究了逆作法支撑柱与近、远期站构件的连接方式，得到了立柱桩与不同构件的连接大样；为节省投资、方便施工，探索了利用围护结构支撑换乘节点的方法；为控制节点的沉降与变形，考虑工序转换的影响，给出了节点处远期站的施工方法。

熊竺[16]结合现场监测情况并通过计算，利用既有地下二层车站的围护结构，在不新增地下三层结构对应的围护结构前提下，提出了抽条分块开挖的施工方法，顺利完成了三层换乘节点的施工，取得了较好的实践效果。

井博晖等[17]通过天津地铁 6 号线徐庄子站深基坑三维数值仿真分析计算，得出换乘车站结构最大变形及应力位置位于换乘段和开孔处，车站换乘节点处的受力属于薄弱环节，新建构筑物施工和运营势必造成既有结构物的种种不利影响。

李维祥[18]以地铁南京站过站区暗挖隧道下穿南京火车站站台和 1 号线路为工程背景，围绕下穿暗挖隧道施工对既有线路安全的影响，对既有铁路采用了 D24 军便梁进行加固。在最不利的荷载组合模式下，在施工期间对线路和隧道结构进行了动力测试，对暗挖隧道施工过程中的线路加固方案从理论上进行可行性论证，确保了暗挖隧道施工时既有线路列车运行的安全性。

上海轨道交通 9 号线西藏南路站和 8 号线陆家浜车站是典型的十字换乘段车站，卿凇[19]提出了典型十字形换乘地铁车站施工技术，很好地解决了基坑在开挖过程中存在的诸多困难，有效地控制了基坑变形，确保了交通干道的畅通及周边建筑物的安全。

结合广州地铁 3 号线体育西站下穿既有的地铁 1 号线体育西站工程，张悦等[20]分析了采用不同节点结构形式对既有 1 号线体育西站的影响，并进行了多个设计方案的比选，介绍了施工该换乘节点工程所采用的施工方案。

因先建车站未预留换乘节点，明珠线二期上海体育馆站穿越地铁 1 号线车站工程，需要在换乘段两侧基坑开挖结束后暗挖凿通换乘段[21]。由于软土地质条件，采用了冻结法加固换乘段土体，待土体达到强度后，凿通封堵墙，开挖换乘段土体，实现结构的贯通。

结合上海地铁 4 号线上体场车站工程，裴烈烽等[22]介绍了采取桩基托换、人工地层控制冻结、加固保护等综合技术措施在工程中的应用，使地铁 4 号线成功穿越地铁 1 号线上海体育馆车站。

孔祥鹏等[23]结合明珠二期上海体育场垂直换乘节点的建设，利用数值分析的方法对换乘节点的施工进行了三维模拟。通过对穿越前后已建成车站结构变化的分析，得出了垂直换乘节点后建车站对已建成车站的影响规律。

2. 关于换乘车站基坑开挖对既有车站结构的影响

陈少波等[24]分析了平行换乘枢纽中后建地铁车站基坑施工中为保证邻近已运营地铁等构筑物的安全所采取的工程技术措施，并分析了后建车站地下连续墙水平变形、墙顶沉降与周围地表沉降的变形规律，验证了施工方案的可行性。

针对在邻近运营地铁车站进行基坑工程开挖，谢秀栋等[25]采用 $FLAC^{2D}$ 进行数值模拟，分析了在车站和基坑间距不同的情况下，基坑周围土层的变形特点及规律，并与没有地铁车站时的位移场进行了对比。结果表明：车站附近土层的水平位移明显减小，基坑离车站越近，其值越小；土层有向上移动趋势，靠近基坑的位移值较大，且基坑离车站越近、基坑开挖深度越大，竖向位移越明显。

谢弘帅等[26]通过建立有限元计算模型，分析了深基坑开挖对邻近地铁车站基坑变形的影响，提出了设计阶段应采用合理的设计方案。

上海地铁 8 号线人民广场平行换乘车站基坑紧邻地铁 1 号线人民广场站开挖，李志高等[27]通过有限差分法数值模拟，得到了邻近大刚度地铁车站的基坑开挖位移场的位移传递规律。结果表明大刚度地铁车站的存在对基坑开挖的位移场具有很大的影响：对基坑变形有遮拦作用，从而减小了支护结构的变形；隔断了坑周土层的位移传递路径，使得土体位移场发生变化，促使地下建筑物背向基坑方向倾斜。

以上海地铁 M8 线人民广场车站建设为背景，吴小将[28]对换乘枢纽中新建车站施工引起的已建运营车站变形和内力计算模型、计算参数取值、施工中已建车站的保护对策、新老地铁车站差异沉降控制等相关问题进行了探讨。研究了新建车站与已建运营车站长期沉降相互影响的工程控制方法，以实际施工为背景详细研究了新建车站基坑施工中已建地铁车站的变形规律，以及不同施工工艺和施工参数对已建车站结构变形的影响。通过搅拌桩加固试验，探索了控制已建车站变形的合理的搅拌桩施工工艺。通过对实测数据和理论计算结果的分析，比较了不同基坑开挖施工方法、不同基坑开挖施工时间参数和空间参数对已建车站变形的影响，并提出了相应的变形控制措施。

孙巍等[29]以新建的上海地铁4号线张杨路车站紧挨已建的地铁2号线东方路车站为研究背景，在设计中采用物理模拟和数值计算，对张杨路车站深基坑围护方案进行充分的研究，确保东方路车站的绝对安全和正常运营。

董海斌[30]分析了轨道交通平行换乘车站后建车站施工中的基坑外土压力特征及墙体变形性状，在采取“化整为零”的施工技术措施后，根据车站施工得到的实测监测数据，结果表明：靠先建车站侧变形明显偏小；在基坑开挖和回筑阶段，墙后土压力的非对称性更为明显；但在顶板完工后，土压力趋于稳定，非对称性逐渐消失。

王燕燕等[31]采用有限元法模拟基坑开挖过程，分析了基坑开挖对周围地铁隧道和地铁车站的影响，对比开挖前后地铁车站和地铁隧道的弯矩和位移，提出了相应的施工和预防保护措施。

姚燕明等[32]采用弹性地基上的板壳有限元，分析了地铁平行换乘车站深基坑开挖过程中坑底土体加固的深度、密度和程度对基坑变形的影响。结果表明：坑底土体加固主要影响开挖面以下连续墙侧向变形，对基坑最后一道支撑以上墙体变形影响很小。

王毅斌[33]基于上海建设的第一个平行换乘地铁车站基坑现场实测数据，介绍了基坑地下墙变形的不对称性，采用地层补偿原理及坑周位移场理论，提出了一种估算靠近运营车站一侧地下墙侧向变形的方法。

3. 关于新建车站深基坑开挖对既有车站结构的动力响应

高伟君等[34]利用集总参数法建立了轮轨竖向耦合振动模型，分析了新建地铁车站深基坑开挖过程中既有车站内的轮轨接触荷载对车站结构及其周围土层变形的影响。结果表明：列车荷载引起的结构变形在允许值的7%范围以内，引起的地面沉降在允许值的3%范围以内。

毕湘利等[35]通过模拟的轮轨激振荷载，分析了新建的平行换乘车站深基坑开挖过程中既有车站结构的动力响应。结果表明：在换乘站基坑开挖过程中，由列车动荷载引起的既有车站结构位移在允许值的7%范围以内；车振荷载主要引起连续墙的竖向振动加速度,但基坑开挖后竖向振动加速度变化不大,而水平振动加速度幅值有较大增长。

4. 关于施工安全风险评估

城市地铁施工通常规划在市区繁华地带,往往需下穿城市居住区和办公区,施工条件及周边环境复杂,不确定性因素多,容易对周边环境造成较大影响,是一项高风险建设工程,因此需要在地铁工程的施工过程中对周边环境进行风险评估,从而采取相应的风险控制措施。

文献[36]提出了一个基于相关向量分类机和贝叶斯网络的概率风险评估方法,针对地铁施工特点结合历史数据和专家经验,通过专家知识表达和数据分析描述风险影响因素的风险传播路径和影响程度,对地铁施工过程中引起的周边建筑物、管线等环境安全风险进行风险分析,从而作为安全措施的指导依据。该分析方法应用在武汉地铁2号线某一盾构隧道区间内,分析结果表明了该模型作为一种风险评估方法的可行性。

安全风险技术管理的主要对象是风险工程的施工技术方案,是以“技防”为主的监控管理手段。文献[37]从北京地铁风险工程的分级识别及调整、周边环境风险源保护、安全专项施工方案、施工监控量测、信息反馈与处理等5个方面入手,探讨安全风险技术管理工作的关键内容,总结城市地铁工程施工阶段的安全风险技术管理工作应重点关注的对象,对施工阶段的环境风险和自身风险所引起的不安全状态起到有效的技术防范作用。

深圳地铁5号线BT项目模式新,工期紧,地质及周边环境复杂,工法种类多,安全风险高,预控难度大。文献[38]在对BT项目重大安全风险充分辨识与评估的基础上,围绕重大安全风险,确立“源头治理,预防为主,短板管理,重点控制”的安全风险预控原则,实施“三大安全对策”,重大安全风险预控取得了较好效果。

文献[39]根据武汉地铁2号线一期工程沿线遭遇的各类不良地质问题,结合工程地质及水文地质条件和周边环境特点,辨识出武汉地铁2号线一期工程矿山法施工区间隧道主要的风险事件并进行了风险分析;同时采用$R=P\times C$的风险定级方法,定量得到各风险事件的风险等级;并根据风险评估的结果,对风险较高的事件提出了具体的风险控制措施,从而确保了工程的顺利进行。

文献[40]在充分分析城市轨道交通土建工程施工特点、工程保险业务特点及国内外现状基础上,提出了“基于工程保险的施工安全风险管理模式”,并论述了该模式实施的可行性、管理工作流程及实施条件。

美国学者 H. H. Einstein 首先研究了隧道工程风险分析的特点和应遵循的理念;并提出了隧道工程风险分析的地质模型。该模型主要基于围岩分级,考虑了岩石坚硬程度和岩体完整程度对隧道工程风险的影响[41]。

A. J. M. Snel, D. R. S. van Hasselt 在研究荷兰某地铁线路的设计和施工基础之上,提出了风险管理问题,最后给出了“IPB”风险管理模式[42]。国际隧协年会还专门设置了风险的专题,J. Reilly 和 J. Brown 作了题为《隧道工程风险管理和控制》的报告[43]。Alan N. Beard 在调研分析了自 1995 年以来欧洲隧道大量火灾事故的基础上把风险评价引入到隧道安全管理中,认为隧道运营期间存在火灾风险,建议做好相应的防灾救灾预案[44]。

5. 研究现状总结

综上所述,主要介绍了换乘车站换乘节点施工对既有车站结构的影响、换乘车站基坑开挖对既有车站结构的影响、新建车站深基坑开挖对既有车站结构的动力响应以及地铁工程施工安全风险评估等,但未有换乘节点“拓建”逆作的相关文献报道。

1.3 主要研究内容

以深圳地铁 7 号线和 3 号线石厦站换乘节点工程为依托工程,利用 ABAQUS 有限元软件对换乘节点的结构板和地下连续墙的位移和内力进行计算分析,建立换乘节点地下三层在富水软土地层中“拓建”暗挖逆作的详细工艺技术,并提出既有 3 号线运营安全保护措施,再结合施工安全监测数据分析,确保换乘节点地下三层“拓建”的全过程安全。

主要研究内容如下:

1. 地下车站拓建施工安全风险评估

在介绍风险矩阵评估方法和模糊综合评估法以及风险因素分析的基础上,从地质风险、设计施工风险和环境风险三个方面进行辨识,最后采用模糊综合评估法进行地下车站拓建施工安全风险评估,为施工安全措施的制定提供依据。

2. 施工安全控制技术

依据施工安全风险评估结果,详细提出安全风险施工控制工艺措施,并对施工方案进行优化,最后从施工监测的角度提出监测内容及其控制指标。

3. 地下车站拓建技术

在研究“拓建”工艺流程的基础上,详细研究换乘节点“拓建”技术,并给出“拓建”工艺要点。

4. 地下车站拓建施工过程力学分析

利用 ABAQUS 有限元软件建立三维模型,详细分析施工过程的车站结构的力学行为,包括换乘节点顶板、负一层中板和负二层中板的变形、弯矩和轴力以及换乘节点负三层土体开挖对既有结构板和地下连续墙的影响。

5. 地下车站拓建自动化监测技术

采用徕卡 TS30 测量机器人与 GeoMos 专业监测软件构建自动变形监测系统,包括数据采集、数据传输、系统总控、数据处理、数据分析和数据管理等,最后结合人工监测,监测分析换乘节点拓建对运营车站的影响。

第2章　依托工程概况

2.1　换乘节点概况

深圳地铁7号线连接布心、田贝、笋岗、华强北、福田南、车公庙、龙珠、西丽等片区,是联系深圳特区内主要居住区与就业区的局域线。线路由太安至西丽动物园,全长约30.173 km,设车站28座,其中换乘站11座。

石厦站是深圳地铁7号线和3号线的换乘站,位于福民路与石厦北二街交叉路口,新建7号线与已建地铁3号线在石厦站形成"L"换乘。3号线和7号线石厦站的深基坑均采用明挖顺筑法施工,两深基坑在平面上呈相互垂直形式。已建3号线石厦站基坑位于石厦北二街上,呈南北向分布,新建7号线石厦站为宽11.0 m的岛式站台车站,主体结构采用地下三跨三层。7号线石厦站位于福民路上,呈东西向分布,与已建3号线在南侧换乘节点实现接驳。石厦站换乘节点平面位置如图2.1所示。

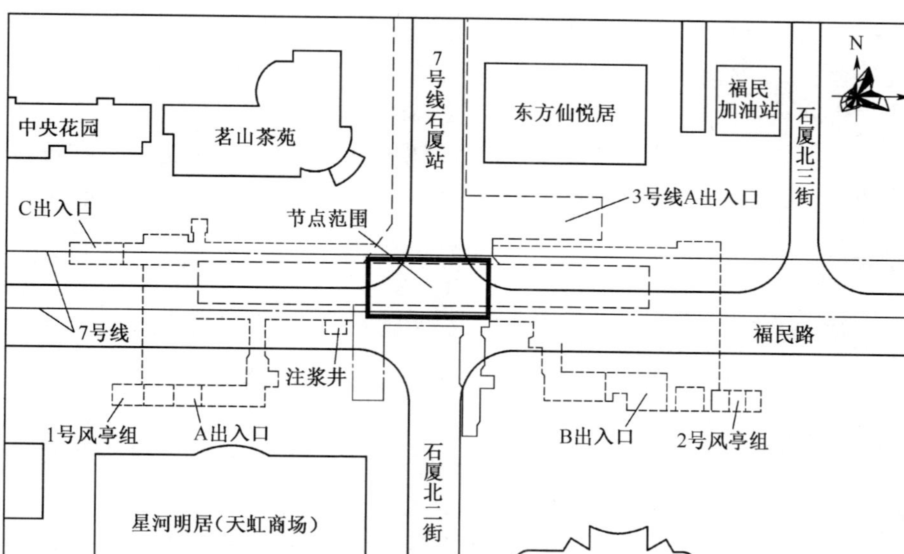

图2.1　石厦站换乘节点平面位置图

换乘节点东西长40.2 m,宽19.5 m,由地铁3号线预留,为叠合结构。原设计采用顺作法同期施工,但是先期仅施工了换乘节点基坑的围护结构,地下一层和二层结构已施作完成，并已通车运营，地下三层因各种原因并未开挖施作，该预留换乘节点被迫由顺作施工改为逆作施工。

换乘节点内底板、底梁和内衬墙采用 C35、P10 混凝土，结构柱采用 C50 混凝土，400 mm 厚新增电缆夹层板采用 C35 混凝土，换乘节点土体采用全断面注浆分步开挖，开挖过程中主要采用 25 号工字钢支护，并采用 C25 混凝土挂网喷射混凝土。换乘节点基坑深约 26.2 m，基底位于强风化花岗岩层，局部为全风化花岗岩层。3 号线已施工围护结构采用厚度为 0.8 m 的连续墙，连续墙的嵌固深度为 5.0 m。

2.2 工程地质概况

换乘节点工程地质条件较差，地层上部为砾质黏性土，中部为全风化花岗岩，底部为强风化花岗岩。

1. 地形地貌

换乘节点位于石厦北二街交叉口，距地面 15.81 m，上部地面原始地貌为冲洪积平原，局部为台地，线路通过地区多处为道路、居民生活区，地形起伏不大，地面高程一般为 4.90~5.83 m。

2. 场地地质构造

未发现明显断裂构造，场地构造稳定性总体较好，但受区域构造影响，基岩节理裂隙发育，揭露的中等~微风化花岗岩均较破碎。根据地质勘探资料，局部揭示有中砂和软弱淤泥质粉质黏土，其中淤泥质粉质黏土为地震液化土层，液化等级为轻微~严重。本场地为冲洪积平原地貌，局部为台地地貌，分布软弱土，根据《建筑抗震设计规范》(GB 50011—2010)表 4.1.1 的规定，判定本场地为对建筑抗震不利地段。

3. 岩土层岩性特征

车站范围内上覆第四系全新统人工堆积层(Q_4^{ml})、第四系全新统冲洪积地层(Q_4^{al+pl})、残积层(Q^{el})、燕山期粗粒花岗岩(γ_5^3)。主要地层概述如下：

(1)第四系全新统人工堆积层(Q_4^{ml})

$①_1$素填土：褐黄、褐红、灰黑等色，稍湿，松散~中密状态，主要由黏性土混少量砂砾组成，偶夹碎块石，有一定程度的压实，上部均有厚度不一的混凝土路面结构层。该土层厚 0.60~4.50 m，平均厚度 2.82 m，在本次勘探车站场地内均有分布，层底高程 0.57~2.24 m，层底埋深 0.60~2.88 m。实测标准贯入击数为 16 击。

$①_2$素填土(砂)：浅灰、灰黄色，饱和，稍密状态，以填砾砂为主，级配良好，主要成分为石英，含大量黏粒，偶见卵石。仅于 MGZ2-SSX-2 号钻孔揭露该层，呈透镜状分布，厚度 1.20 m，层顶高程 4.90 m，层底高程 3.70 m，层底埋深 1.20 m。

（2）第四系全新统冲洪积层（Q_4^{al+pl}）

④$_{3}$淤泥质粉质黏土：灰黑、深灰色，软塑～可塑，含有较多有机质及石英砂砾，有轻微臭味。仅于 MGZ2-SSX-5、MGZ3-SSX-12 、MGZ3-TXS-116 和 MGZ3-SSX-19 号钻孔揭露该层，呈透镜状分布，厚度 1.80～4.00 m，层顶高程 1.45～2.04 m，层顶埋深 3.10～3.50 m。实测标准贯入击数为 3～4 击。

④$_{11}$砾砂：灰黑、灰白色，中密，局部夹腐朽木头。MGZ3-SSX-10～MGZ3-SSX-12、MGZ3-SSX-18～ MGZ3-SSX-19、MGZ3-TXS-116 号钻孔均揭露该层，厚度 1.40～4.80 m，层顶高程-0.45～2.64 m，层顶埋深 2.50～5.50 m。实测标准贯入击数为 19～27 击。

⑤$_{11}$砾砂：黄褐色，中密。MGZ3-SSX-14、MGZ3-SSX-118、MGZ3-SSX-19 号钻孔均揭露该层，厚度 1.80～2.40 m，层顶高程-1.86～1.85 m，层顶埋深 3.10～7.00 m。实测标准贯入击数为 25～36 击。

（3）残积层（Q^{el}）

⑦$_{1}$砾质黏性土：褐红、灰白、灰黄色，湿，可塑～硬塑，由粗粒花岗岩风化残积而成，含有约 30% 的石英颗粒及较多高岭土。该层在本车站各孔均有揭露，层厚 3.80～18.50 m，平均厚度 11.32 m，层顶高程-3.86～4.75 m，层顶埋深 0.60～9.00 m。实测标准贯入击数为 10～42 击，平均 24.5 击；修正击数为 8.1～29.9 击，平均 19.7 击。

（4）燕山期粗粒花岗岩（γ_5^3）

褐黄、灰黄、灰白、浅灰、浅肉红色，粗粒结构，块状构造，主要成分为石英、长石及暗色矿物。在本区段均匀分布。

本次钻探揭露按风化程度可分为⑧$_{1}$全风化花岗岩、⑧$_{2}$强风化花岗岩、⑧$_{3}$中等风化花岗岩和⑧$_{4}$微风化花岗岩 4 个亚层，分述如下：

⑧$_{1}$全风化花岗岩：褐黄、灰褐色，岩芯呈砂土状，手捏易散，车站场地内普遍分布。层厚 1.50～9.00 m，层顶高程-16.60～-6.10 m，层顶埋深 11.20～21.50 m。实测标准贯入击数为 36～66 击，平均 47.7 击；修正击数为 29.7～47.5 击，平均 34 击。

⑧$_{2}$强风化花岗岩：灰褐、褐黄色，岩芯多呈砂土状，局部呈角砾状，遇水易崩解，局部区域该层底部为块状强风化岩，岩芯手可折断。车站场地内普遍分布。层厚 1.70～14.30 m，层顶高程 -21.03～-8.15 m，层顶埋深 13.20～26.00 m。实测标准贯入击数为 72～222 击，平均 116.6 击；修正击数为 50～152.1 击，平均 78.2 击。

地铁 3 号线勘察报告将⑧$_{2}$强风化花岗岩分为<12-2-1>和<12-2>上下两层

强风化花岗岩，其岩性描述如下：

<12-2-1>强风化花岗岩：褐黄、暗灰、褐红等色，岩石风化强烈，岩芯呈砂土状为主，风化不均匀，夹约5%角砾状强风化碎石，手可折断，遇水软化崩解。场地内层状分布于<12-1>之下，局部缺失，厚度及埋深变化大，厚0.65~9 m，埋深13~27.5 m。个别钻孔该层未揭穿，属中压缩性土。

<12-2>强风化花岗岩：褐红、褐黄等色，岩石风化呈半岩半土状及碎块状，岩芯呈坚硬土夹碎块状，碎块用手难折断，遇水易软化。场地内分布较广，厚度及埋深变化大，埋深10~30.75 m，厚0.6~15.8 m，个别钻孔该层未揭穿。

$⑧_3$中等风化花岗岩：灰白、肉红色，岩体较破碎，节理裂隙极发育，层厚1.30~6.50 m，层顶高程−32.38~−20.36 m，层顶埋深22.00~35.50 m。大部分钻孔均有揭露，局部未揭穿。

$⑧_4$微风化花岗岩：青灰、肉红色，岩体节理裂隙发育。大部分钻孔均有揭露，但未揭穿。揭示层顶高程−32.38~−20.36 m，层顶埋深25.50~37.80 m。

负三层换乘节点侧墙主要位于砾质黏性土和全风化花岗岩中，部分位于强风化花岗岩中。底板主要位于上层强风化花岗岩中，仅局部位于全风化花岗岩中。坑底以下地连墙主要位于下层强风化花岗岩中。换乘节点范围地质横剖面如图2.2-1所示，纵剖面如图2.2-2所示。

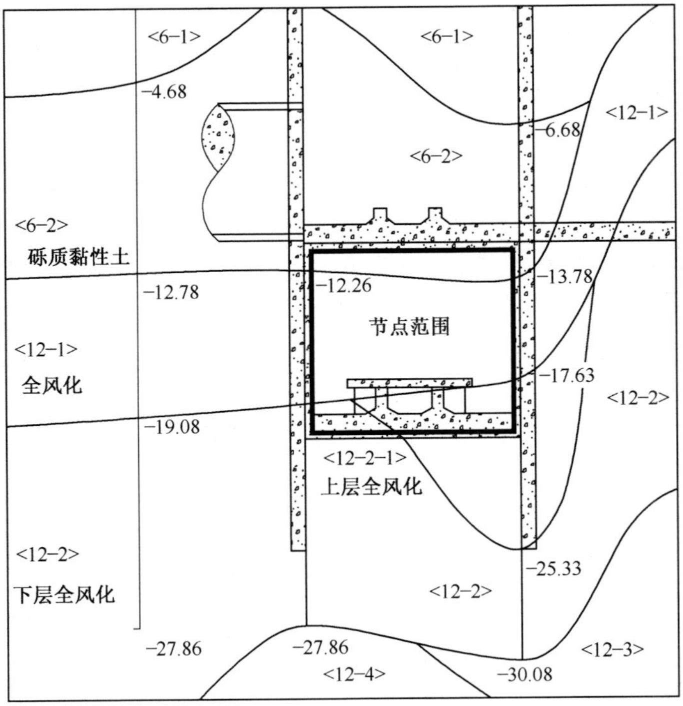

图2.2-1 换乘节点范围地质横剖面图（单位：m）

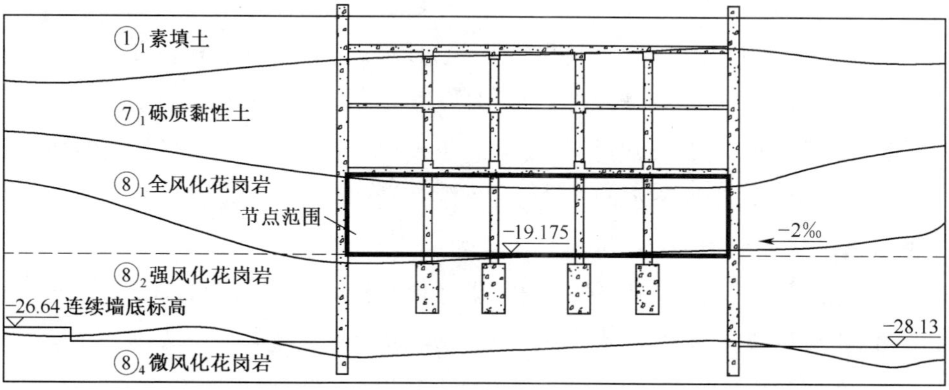

图 2.2-2　换乘节点范围地质纵剖面图（单位：m）

2.3　水文地质

1. 地下水的类型、赋存、径流排泄以及与地表水的关系

深圳气候属亚热带季风气候，热量丰富，日照时间长，雨量充沛。气候和降雨量随冬、夏季风的转换而变化。每年 5～9 月为雨季。

本场地地下水按赋存条件主要分为第四系孔隙水及基岩裂隙水。孔隙水主要赋存在表层人工填土层和残积砾质黏性土层中，略具承压性；基岩裂隙水赋存于强风化及中等风化花岗岩中，具承压性。本次勘察期间稳定地下水位埋深 2.30～4.70 m，水位高程 0.65～1.32 m。

地下水的排泄途径主要是蒸发，主要补给来源为大气降水。

2. 各岩土层的富水性及渗透系数

拟建场地各岩土层的渗透系数是根据深圳地铁 7 号线石厦站邻近场地抽水试验成果、室内试验结果，《深圳地区地基处理技术规范》（SJG 04—96）和《深圳地区建筑深基坑支护技术规范》（SJG 05—96），在参照地区经验的基础上给出，见表 2.3。

①$_1$ 素填土：在大部分场地分布，成分以黏性土为主，夹少量碎石，具弱透水性，建议取渗透系数 k=0.5 m/d。

①$_2$ 填砂：具中等透水性，透水性随黏粒含量增多而变小，建议取渗透系数 k=5.0 m/d。

④$_3$ 淤泥质粉质黏土：含有少量砂砾，具微透水性，建议取渗透系数 k=0.001 m/d。

④$_{11}$砾砂:局部分布,具中等透水性,建议取渗透系数 $k=5.0$ m/d。

⑤$_{11}$砾砂:局部分布,具中等透水性,建议取渗透系数 $k=5.0$ m/d。

⑦$_1$砾质黏性土:具弱透水性,建议取渗透系数 $k=0.5$ m/d。

⑧$_1$全风化花岗岩:具弱透水性,渗透性从上向下逐渐增大,建议渗透系数为 0.2~1.0 m/d。随着地下水的渗流,细颗粒含量的减少,渗透系数随之增大,建议取渗透系数 $k=1.0$ m/d。

⑧$_2$强风化花岗岩:具中等透水性,建议取渗透系数 $k=1.8$ m/d。

⑧$_3$中等风化花岗岩:具中等透水性,建议取渗透系数 $k=1.5$ m/d。

⑧$_4$微风化花岗岩:具中等透水性,建议取渗透系数 $k=1.0$ m/d。

表 2.3　石厦站各土层渗透系数

序　号	土层编号	渗透系数(m/d)	岩　　性	渗透性
1	①$_1$	0.5	素填土	弱
2	①$_2$	5.0	素填土(砂)	中等
3	④$_3$	0.001	淤泥质粉质黏土	微
4	④$_{11}$	5.0	砾砂	中等
5	⑤$_{11}$	5.0	砾砂	中等
6	⑦$_1$	0.5	砾质黏性土	弱
7	⑧$_1$	1.0	全风化花岗岩	弱
8	⑧$_2$	1.8	强风化花岗岩	中等
9	⑧$_3$	1.5	中等风化花岗岩	中等
10	⑧$_4$	1.0	微风化花岗岩	中等

由于地层的渗透性差异,基岩中的水略具承压性,基岩裂隙发育,孔隙水与裂隙水局部具连通性。

岩石富水性和透水性与节理裂隙发育情况关系紧密,节理裂隙发育的不均匀性导致其富水性和透水性也不均匀。

3. 地下水的腐蚀性

7 号线勘察期间在 MGZ3-SSX-09 号钻孔取地下水进行了室内水质简分析,结合初勘 MGZ2-SSX-5 号钻孔所取地下水的室内水质简分析成果,根据《岩土工程勘察规范》(GB 50021—2001)表 12.2.1、表 12.2.2、表 12.2.4,按场地环境类型为Ⅱ类、地层渗透性为 A 类综合判定:场地地下水对钢筋混凝土结构具微腐蚀性,在长期浸水的环境中对钢筋混凝土结构中钢筋具微腐蚀性,在干湿交替的环境中对钢筋混凝土结构中钢筋具微~弱腐蚀性。

2.4　拓建重难点

在运营地铁线路下“拓建”换乘节点，主要重难点如下：

(1)换乘节点“拓建”施工对既有地铁3号线结构及运营安全产生不利影响，严重时甚至可能使地铁列车停运，从而造成巨大的经济损失和不良的社会影响。

(2)由于换乘节点施工是一项涉及工法多(小导洞开挖、旋喷注浆加固止水、狭窄空间施作人工挖孔桩和分层分块开挖)、地质条件复杂(工程地质和水文地质条件)、专业多导致协调难的复杂性系统工程，复杂意味着施工难度大、安全风险高。换乘节点施工安全风险是不以人的意志为转移的，是客观和普遍存在的。

(3)导致换乘节点施工安全事故发生的因素有不良地质条件、工程资料不完善、工程施工质量缺陷、机械设备故障等，是否会发生安全事故具有不确定性，增加了安全管理的难度。

(4)施工安全管理体系、施工经验和施工技术方案是防控施工安全事故的技术手段，但是由于地质条件和水文条件复杂，换乘节点施工是一个动态过程。有些安全因素在施工前期准备中可能没有而在施工过程中出现，有些风险因素会随工程的进展而发生变化，包括其损失规模、重要程度等都可能发生改变，导致预先制定的施工方案失效，增加了施工安全事故的控制难度。

(5)由于换乘节点施工对周边环境的影响较大，特别是基坑开挖对周边建筑物、管线影响大，施工沉降控制难。

(6)3号线石厦站基坑围护结构未封闭，有3处连续墙发生渗漏水，可能造成负三层开挖引起原石厦站结构变形及3号线行车道板的不均匀沉降，影响3号线的运营安全，这是该工程最大的施工风险。

(7)换乘节点处8根桩按无覆土、无运营条件进行设计，无法满足现工况的竖向承载要求，且需经受抗拔→竖向受压→抗拔的受力转换。

(8)换乘节点负三层结构净高8.6 m，基坑开挖深度达9.8 m，原施工期间地连墙已发生最大45 mm的变形，水平支撑不到位时连续墙变形过大甚至破坏，不确定叠合墙结构永久安全性是否满足要求。

(9)负二层板与连续墙连接部位的部分接驳器损坏，需要采用植筋形成半刚性连接，增加了施工难度。

(10)开挖过程中如何保证上部的3号线结构沉降满足运营要求是本工程的关键点，全断面注浆效果、开挖支护、狭小空间内施工组织、结构受力体系转换时各道工序间的衔接及工期保证是施工中的关键及控制重点。

第 3 章　地下车站拓建施工安全风险评估

3.1　风险矩阵评估方法

1. 风险矩阵法

风险矩阵法是综合考虑致险因子发生概率和风险后果，给出风险等级的一种方法，用 $R=P\times C$ 表示，其中 R 表示风险；P 表示致险因子发生概率；C 表示致险因子发生时可能产生的后果。$P\times C$ 不是简单意义的相乘，而是表示致险因子发生概率和致险因子产生后果的级别的组合。$R=P\times C$ 定级法是一种定性与定量相结合的方法，是目前国内最推崇的风险评价方法之一。

2. 风险矩阵法实施步骤

采用风险矩阵法对地铁土建工程致险因子实施定级，步骤如下：

第一，根据实际情况，借鉴以往类似建设工程风险管理的资料和专家的经验，分析各个致险因子的发生概率，得出发生概率 P。

第二，根据事件发生后可能产生的后果，对人、环境和工程项目本身造成的影响程度采用定量计算的方法给这些致险因子划分后果等级，通过定量计算确定各个致险因子后果等级 C。

第三，综合致险因子的影响程度等级 C 和发生的概率 P，将两者组合起来，按照 $R=P\times C$ 定级方法的风险评估矩阵，确定各个致险因子的等级，并制定不同的方案，采用比较合理的措施实施风险管理和风险控制。

根据风险的基本定义及风险发生概率等级和风险后果及规范提供的评价方法，建立风险矩阵，见表 3.1-1。

表 3.1-1　风险评估矩阵

风　险		风　险　后　果				
		灾难性	非常严重	严重	需考虑	可忽略
发生概率	$P\geq10\%$	Ⅰ级	Ⅰ级	Ⅰ级	Ⅱ级	Ⅲ级
	$1\%\leq P<10\%$	Ⅰ级	Ⅰ级	Ⅱ级	Ⅲ级	Ⅲ级
	$0.1\%\leq P<1\%$	Ⅰ级	Ⅱ级	Ⅲ级	Ⅲ级	Ⅳ级
发生概率	$0.01\%\leq P<0.1\%$	Ⅱ级	Ⅲ级	Ⅲ级	Ⅳ级	Ⅳ级
	$P<0.01\%$	Ⅲ级	Ⅲ级	Ⅳ级	Ⅳ级	Ⅳ级

为了使风险评估结果更加直观,可采用不同的颜色标识不同的风险等级。对风险评估矩阵中各风险等级大小按照风险等级进行着色,其风险接受准则及控制对策见表 3.1-2。

表 3.1-2　风险接受准则及控制对策

风险等级	接受准则	处 置 原 则	控制方案
Ⅰ级	不可接受	必须采取风险控制措施降低风险,至少应将风险降低至可接受或不愿接受的水平	应编制风险预警与应急处置方案,或进行方案修正或调整等
Ⅱ级	不愿接受	应实施风险管理降低风险,且风险降低的所需成本不应高于风险发生后的损失	应实施风险防范与监测,制定风险处置措施
Ⅲ级	可接受	宜实施风险管理,可采取风险处理措施	宜加强日常管理与监测
Ⅳ级	可忽略	可实施风险管理	可开展日常审视检查

3. 风险矩阵法特点

(1)优点

按照系统层次依次揭示系统、分系统和设备中的危险,做到不漏任何一项,并按风险的可能性和严重性分类,以便分轻重缓急而采取措施,更适合现场作业,可以进行定性和定量分析。

(2)缺点

主观性比较强,如果经验不足,会对分析带来麻烦;风险严重等级及风险发生频率由研究者自行确定,存在较大的主观误差。

(3)适用范围

该方法可根据使用的需求对风险等级的数字划分进行修改,使其适用不同的分析系统,但要有一定的工程经验和数据资料作依据,既可以适用于整个系统,又可以适用于系统中的某一环节。

4. 风险矩阵法中等级的划分

《城市轨道交通地下工程建设风险管理规范》(GB 50652—2011)中依据风险发生的概率(频率) 大小,将风险的发生概率分为 5 级,见表 3.1-3。

表 3.1-3　风险发生概率等级标准

等　级	1	2	3	4	5
事故描述	频繁的	可能的	偶尔的	罕见的	不可能的
区间概率	$P \geqslant 10\%$	$1\% \leqslant P < 10\%$	$0.1\% \leqslant P < 1\%$	$0.01\% \leqslant P < 0.1\%$	$P < 0.01\%$

注:P 为事故发生概率。

地铁建设过程中,施工期一旦发生风险就会对工程项目、第三方或周边环境造成较大损失，考虑不同损失的严重程度不同，由此建立风险损失（后果）的等级标准。《城市轨道交通地下工程建设风险管理规范》（GB 50652—2011）采用的等级标准为定性描述法，见表3.1-4。

表3.1-4　风险后果等级标准

等　级	A	B	C	D	E
严重程度	灾难性的	非常严重的	严重的	需考虑的	可忽略的

《城市轨道交通地下工程建设风险管理规范》（GB 50652—2011）中具体不同风险承险体对象（工程项目、第三方或周边环境）的风险损失等级标准如下：

（1）工程损失

工程项目建设中，发生的事故损失一般包括：直接经济损失、人员伤亡和工期损失。

直接经济损失是指事故发生后直接造成工程项目发生的各种费用总称，其中包括工程建设的直接费用和事故修复所需的各种费用。直接经济损失的定义采用直接经济损失与整个工程总投资的比值表示。直接经济损失等级标准见表3.1-5。

表3.1-5　直接经济损失等级标准

损失等级	A	B	C	D	E
工程本身	1 000万元以上	500万元~1000万元	100万元~500万元	50万元~100万元	50万元以下
第三方	200万元以上	100万元~200万元	50万元~100万元	10万元~50万元	10万元以下

人员伤亡是指与工程直接相关的各类建设人员，在参与施工过程中所发生的伤亡，依据人员伤亡的类别和严重程度进行分级，见表3.1-6。

表3.1-6　人员伤亡等级标准

损失等级	A	B	C	D	E
建设人员	$F\geqslant10$	$9\geqslant F\geqslant3$ 或 $SI\geqslant10$	$2\geqslant F\geqslant1$ 或 $9\geqslant SI\geqslant2$	$SI=3$ 或 $10\geqslant MI\geqslant2$	$MI=1$
第三方	$F\geqslant1$	$9\geqslant SI\geqslant2$	$SI=3$	$10\geqslant MI\geqslant2$	$MI=1$

注：F 为死亡人数（含失踪）；SI 为重伤人数；MI 为轻伤人数。

工期损失是指工程事故引起工程建设进度延误的时间，针对不同性质的工程和建设工期，采用两种不同单位标准表示，短期工程（建设工期2年以内）采用天表示，长期工程采用月表示。工期损失等级标准见表 3.1-7。

表 3.1-7　工期损失等级标准

损失等级	A	B	C	D	E
短期工程延误时间(天)	$T\geq90$	$90\leq T<60$	$30\leq T<60$	$10\leq T<30$	$T<10$
长期工程延误时间(月)	$T\geq9$	$9\leq T<6$	$3\leq T<6$	$1\leq T<3$	$T<1$

注：T 为延误时间，每月按 30 天计。

(2)环境污染损失

环境污染损失是指工程施工活动对周边自然环境造成的污染、破坏或损害。工程施工活动引起周边环境污染宜参照国家环境标准评价执行，其分级见表 3.1-8。

表 3.1-8　环境影响风险等级标准

等　级	影响范围及程度描述
A	涉及范围非常大，周边生态环境发生严重污染或破坏
B	涉及范围很大，周边生态环境发生较重污染或破坏
C	涉及范围大，区域内生态环境发生污染或破坏
D	涉及范围较小，临近区生态环境发生轻度污染或破坏
E	涉及范围很小，施工区生态环境发生少量污染或破坏

3.2　其他评估方法

1. 专家调查法

专家调查法是在 20 世纪 40 年代由赫尔姆和达尔克首创，经过戈尔登和兰德公司进一步发展而成的。专家调查法是一种采用通讯方式分别将所需解决的问题单独发送到各个专家手中，征询意见，然后回收汇总全部专家的意见，并整理出综合意见。随后将该综合意见和预测问题再分别反馈给专家，再次征询意见，各专家依据综合意见修改自己原有的意见，然后再汇总，这样多次反复，逐步取得比较一致的预测结果的决策方法。

专家调查法采用匿名发表意见的方式，即专家之间不得互相讨论，不发生横向联系,只能与调查人员之间有联系,经过反复征询、归纳、修改,最后汇总成专家基本一致的看法。作为预测的结果,这种方法具有广泛的代表性,较为可靠。

2. 层次分析法

所谓层次分析法,是指将一个复杂的多目标决策问题作为一个系统,将目标分解为多个目标或准则,进而分解为多指标(或准则、约束)的若干层次,通过定性指标模糊量化方法算出层次单排序(权数)和总排序,以作为目标(多指标)、多方案优化决策的系统方法。

层次分析法是将决策问题按总目标、各层子目标、评价准则直至具体的备择方案顺序分解为不同的层次结构,然后得用求解判断矩阵特征向量的办法,求得每一层次的各元素对上一层次某元素的优先权重,最后再用加权和的方法递阶归并各备择方案对总目标的最终权重,此最终权重最大者即为最优方案。这里,所谓"优先权重"是一种相对的量度,它表明各备择方案在某一特点的评价准则或子目标下优越程度的相对量度,以及各子目标对上一层目标而言重要程度的相对量度。层次分析法比较适合于具有分层交错评价指标的目标系统,而且目标值又难于定量描述的决策问题。其用法是:构造判断矩阵,求出其最大特征值及其所对应的特征向量 $\boldsymbol{W}$,归一化后,即为某一层次指标对于上一层次某相关指标的相对重要性权值。

层次分析法的特点是在对复杂的决策问题的本质、影响因素及其内在关系等进行深入分析的基础上,利用较少的定量信息使决策的思维过程数学化,从而为多目标、多准则或无结构特性的复杂决策问题提供简便的决策方法,尤其适合于对决策结果难于直接准确计量的场合。

3. 模糊综合评估法

综合评估就是对受到多个因素制约的事物或对象作出一个总的评价。由于地铁土建工程风险评估从多方面对地铁土建工程的安全风险进行综合评价,难免带有模糊性和主观性,采用模糊数学的方法进行综合评估将使结果尽量客观,从而取得更好的实际结果。

模糊综合评估的数学模型可分为一级模型和多级模型,一般可归纳为以下几个步骤:

(1)建立评估对象因素集 $U=\{u_1,u_2,\cdots,u_m\}$;

(2)建立评估集 $V=\{v_1,v_2,\cdots,v_n\}$;

(3)建立单因素评估,即建立一个从 U 到 $F(V)$ 的模糊映射

$$f:U\rightarrow F(V),\forall u_i\in U$$

$$u_i \Big| \to f(u_i) = \frac{r_{i1}}{v_1} + \frac{r_{i2}}{v_2} + \cdots + \frac{r_{in}}{v_n}$$

$$0 \leqslant r_{ij} \leqslant 1, 1 \leqslant i \leqslant m, 1 \leqslant j \leqslant n$$

由 f 可以诱导出模糊关系，得到模糊矩阵

$$R = \begin{bmatrix} r_{11} & r_{12} & \cdots & r_{1n} \\ r_{21} & r_{22} & \cdots & r_{2n} \\ \cdots & \cdots & \cdots & \cdots \\ r_{m1} & r_{m2} & \cdots & r_{mn} \end{bmatrix}$$

称 R 为单因素评估矩阵，于是 (U,V,R) 构成了一个综合评估模型。

(4)综合评估。由于对 U 中各个因素有不同的侧重，需要对每个因素赋予不同的权重，它可表示为 U 上的一个模糊子集 $A=(a_1,a_2,\cdots,a_m)$，且规定 $\sum_{i=1}^{m} a_i = 1$ 。

在 R 与 A 求出之后，则综合评估模型为 $B=A \cdot R$。记 $B=(b_1,b_2,\cdots,b_n)$，它是 V 上的一个模糊子集，其中 $b_f=v(a_i \wedge r_{ij})(1 \leqslant i \leqslant n, j=1,2,\cdots,n)$。

最后，根据 b_j 的相对大小排列原则确定不同风险等级。

3.3　风险因素分析

1. 工程地质风险因素

(1)填土层开挖引起的地面塌陷。填土层结构松散~稍密，进行明挖、暗挖、盾构施工时，容易引起一定的地面沉陷，对地面建(构)筑物、地下管线带来危害。

(2)淤泥质土体对明挖、盾构等施工带来很大风险。这种地层的明挖、盾构施工，很难控制好地面沉降及邻近地下管线、构筑物的位移。

(3)黏土的性质给暗挖和明挖施工造成较大风险。黏土层遇水软化崩解，又具有一定黏性，在盾构隧道中容易黏结刀盘，结成泥饼，造成施工困难；使基坑开挖难以自稳，并造成一定范围内围护结构内侧被动土压力减小而使围护结构变形。

(4)花岗岩风化带遇水软化、崩解带来风险。花岗岩风化带遇水软化、崩解，一般不作为载荷验算，因此在施工中发生岩石崩解、软化将威胁盾构、明挖、暗挖的施工。

2. 水文地质风险因素

(1)抗浮风险。施工期间，在车站和区间个别覆土较浅的地方应进行抗

浮验算；使用期间，若未来城市地下水位增长超过原先预计值，会带来一定的风险。

（2）围护结构止水效果差带来的风险。比如围护桩开叉、旋喷止水失效、连续墙间止水效果不好等均会导致此类问题。此类问题叠加上基坑侧壁砂土流失或涌砂，会使基坑产生塌方的危险，并引发环境灾害。

（3）降水失效带来的风险。在深圳地铁土建工程中，降水是一项非常重要和普遍采取的措施，降水效果有时会直接影响工程的顺利施工、工期和安全。降水失效在明、暗挖施工过程中较普遍，尤其是淤泥质土体和岩层。因此，宜在施工过程中考虑此种不利因素。

（4）设防水位确定不当引起的风险。城市设防水位确定不当引起车站、区间的抗浮风险，甚至导致地下结构受淹。

（5）地下水的浸泡会使岩土抗剪强度降低，变形加大，易造成基坑和隧道围岩变形、失稳、坍塌。在施工过程中，随着地下水向基坑和洞身的涌出，砂土中细颗粒也随水流失，造成砂层结构更加松散，渗透性加强，地下水和细颗粒土流失加剧。基坑和隧道开挖后，改变原有地下水渗流场，具承压性的强风化岩中地下水会通过其残积土和全风化层以越流的形式向基坑和隧道内渗透，加大基坑和隧道内出水量，给施工带来困难。基坑开挖引起基坑内外水头差加大，易引起基坑隆起、管涌等不良现象。随着地下水的流失，土体失水固结，引起地面沉降，危及路面、既有建筑物和管线管道的安全。

（6）地下水腐蚀性带来的风险。地下水对混凝土结构无腐蚀性，对钢筋混凝土结构中的钢筋具弱腐蚀性，对钢结构具弱腐蚀性。此种腐蚀性会随着时间增长加速结构的老化过程。特别是地铁结构一般均处于高应力状态，钢筋受到腐蚀会影响结构的安全性。目前，国内还没有服役期超过 50 年以上的地铁，地铁结构的耐久性问题仍然没有经过时间和环境的检验。因此，地下水虽然对钢筋具有弱腐蚀性，但其潜在的威胁仍然值得关注。

3. 矿山法暗挖施工过程中的风险因素

（1）掌子面开挖风险。因地质因素、地下未探明灾害、涌砂、坍塌等因素，造成掌子面是开挖过程中最危险、工作环境最恶劣、灾害发生率最高的部位，而施工人员素质低、安全意识差、保护技能差以及管理人员疏忽也是造成危害频出的原因。

（2）暗挖段施工时，非对称开挖、拆除支护结构引起各开挖断面的偏压。对于高窄断面、大跨度断面的暗挖施工，由于其他因素的影响很容易发生偏压事故。

（3）变断面暗挖风险。变断面暗挖，尤其是线路叉线、渡线、折返线的断面存在较大的风险，变断面暗挖时围岩应力场复杂，变化较大，围岩稳定性随断面变化而弱化，对于稳定性不是很好的变断面隧道，进行施工前研究、施工中加强支护来降低风险。

(4)暗挖转换工序较多，导致地面沉降过大。暗挖转换工序越多，土体受扰动和应力变化的次数越多，引发的地面沉降越大。因此，采用合理的施工工序、减少暗挖转换工序来减少地面沉降。

(5)暗挖过程中，拱脚或拱顶失稳的施工危险。

(6)暗挖过程中，铁格栅接头连接质量不好造成失稳。铁格栅接头连接质量是最不容易保障的薄弱环节，易遭到忽略。

(7)拱顶、仰拱施工质量风险。拱顶、仰拱施工质量常常存在未及时清除仰拱积水即浇筑、拱脚未进行加固等问题，从而造成风险。

4. 地下连续墙施工的风险因素

(1)钻孔灌注桩垂直度偏差过大，桩体浸入结构限界的风险。钻孔灌注桩垂直度不宜保证，施工偏差有时会达到1%～3%，此时会对内部结构的限界产生侵害。

(2)钻孔灌注桩垂直度偏差过大，桩体间开叉太大引起失水风险。桩体间开叉太大则止水效果差，渗水严重则引起失水风险。

(3)地下水渗漏，钻孔灌注桩、连续墙质量差的风险。

(4)地下连续墙锁扣沾泥渗水的风险。

(5)钻孔灌注桩施工时，套管、钻头陷落土中的风险。

(6)围护桩或连续墙施工时塌孔的风险。在软土或流砂区域，围护桩或连续墙施工时易塌孔。塌孔基坑侧壁土体松动，从而增大基坑围护结构的土压力，威胁基坑安全。

(7)基坑超挖，不及时加撑对基坑的安全产生威胁。基坑超挖是施工单位常见的通病，主要是施工单位追赶进度或麻痹大意造成的。

(8)软土地层中，基坑开挖时纵向土坡失稳的风险。在软土地层中，基坑开挖时纵向土坡失稳是一种发生较多且极易造成人身伤害的风险。

(9)施工单位不架设换撑对基坑的安全产生威胁。由于架设换撑比较繁琐和困难，施工单位经常在设计上应该架设换撑的地方不设置换撑，这样将会引起基坑坍塌的风险。施工设计中车站围护结构多没有换撑。

(10)施工单位任意减少支撑个数对基坑的安全产生威胁。为追求经济效益和施工进度，施工单位经常减少支撑个数，这将给基坑安全带来严重威胁。

(11)围檩未封闭、未设置抗剪键，使斜撑受力时围檩处于滑动状态，支撑失效。

(12)钢支撑活络头连接质量不好,产生失稳风险。

(13)钢支撑截面刚度较小,产生失稳风险。

(14)钢支撑预加轴力过大,产生失稳风险。

(15)超宽基坑使钢支撑过长,造成失稳危险。

(16)基坑接口处,车站、区间的防水施工质量很难达到设计要求。

(17)在施工时,基坑边堆载经常超过设计允许值,这会加大基坑侧壁压力、增大支撑轴力,减小基坑安全度,最终导致坍塌或失稳。

(18)施工单位误操作,将围护桩钢筋笼放反的风险。

(19)明挖基坑停止施工,长期暴露带来的风险。这些风险包括:暴雨冲刷,围护结构渗水,钢支撑预应力损失引起基坑变形过大。

(20)基坑施工围护结构时,先施工围护桩、后施工旋喷桩止水(注浆止水)的风险。

(21)施工单位通过支撑间隙吊装材料、设备的风险。

(22)施工单位在支撑上悬吊施工用具、设备的风险。

(23)明挖基坑穿越上软下硬复合地层(土、石交接面)的风险。

(24)基坑遭遇断裂破碎带的风险。基坑遭遇断裂破碎带时的受力较设计承载力差异较大,因此风险较大。

(25)基坑遇流砂的风险。

(26)硬岩层内成桩困难的风险。

(27)基坑外淤泥土过厚的风险。

(28)基坑开挖范围内多存在残积土层和全、强风化岩,基坑开挖具有一定的风险。这些岩土遇水软化、崩解,使开挖面影响范围内岩土层松动,被动土压力减小,造成基坑"先变形、后支撑"的情况。

5. 邻近建(构)筑物的风险因素

(1)基坑开挖、暗挖施工时给紧邻的地面建(构)筑物带来风险。地面建(构)筑物距离基坑边缘小于基坑开挖深度的1~2倍,在基坑影响范围之内,施工中应根据不同情况采取相应措施。

(2)施工障碍物(桩基、构筑物、桥桩)对明、暗挖的影响。施工时需要保护桥桩,因这种风险较大。

(3)地面建(构)筑物距离基坑较近给基坑带来的风险。小于2倍开挖深度范围内的地面建(构)筑物对基坑开挖均产生一定的影响,对基坑的安全造成较大影响。因此,特别是距离基坑小于1倍开挖深度范围内的地面建(构)筑物,应对基坑采取相应的安全措施。

3.4　安全风险辨识及分析

1. 地质风险

石厦站主要的地质风险因素及其风险等级见表3.4-1。

表3.4-1　地质风险因素、风险分析及风险等级

序　号	风　险　因　素	风险事件	风险评估		
			发生概率	风险损失	风险等级
1	淤泥质土,具有孔隙比大、压缩性高、抗剪强度低等特点,属不稳定土体	侧向滑动和地面沉降	2	B	Ⅰ
2	饱和状态下黏性土、粉土、砾质黏性土层中开挖、掘进,风险较大	坍塌;地面沉陷	2	C	Ⅱ
地质风险综合评级:Ⅰ级					

2. 设计施工风险

石厦站主要的设计施工风险因素及其风险等级见表3.4-2。

表3.4-2　设计施工风险因素、风险分析及风险等级

风险因素	风　险　事　件	风险评估		
		发生概率	风险损失	风险等级
地下3层车站	维护结构产生水平位移、渗漏、失稳破坏,基坑隆起、流砂、涌水,基坑内土体滑坡,施工中存在严重的安全风险	3	A	Ⅰ
设计施工风险综合评级:Ⅰ级				

3. 环境风险

石厦站主要的环境风险因素及其风险等级见表3.4-3。

表3.4-3　环境风险因素、风险分析及风险等级

序　号	风　险　因　素	风　险　事　件	风险评估		
			发生概率	风险损失	风险等级
1	车站东北侧是福民加油站,车站主体围护地连墙距离油罐井盖12 m(地下距离约10.2 m)	基坑开挖引起建(构)筑物沉降、坍塌或不均匀沉降	2	C	Ⅱ

续上表

序号	风险因素	风险事件	风险评估		
			发生概率	风险损失	风险等级
2	7号线石厦站在福民路与石厦北二街交叉口与地铁3号线石厦站换乘	施工失水后容易对3号线相邻盾构区间产生沉降影响	2	B	I
3	3号线地下三层部分连续墙未施作,基坑围护结构未封闭	止水效果不好,坍塌漏水	2	B	I
环境风险综合评级:I级					

3.5 安全风险评估结果

3.5.1 施工安全事故频发

地铁施工安全是城市轨道交通建设管理中最重要的问题。近年来,我国地铁建设过程中多个城市出现工程安全事故,造成了巨大的损失,特别是地铁车站深基坑和矿山法暗挖隧道。近期发生的地铁塌方事故有:

(1)2011年3月10日上午,大连地铁交通大学施工段发生塌方,造成至少3人伤亡。

(2)2012年12月31日21时许,上海地铁12号线浦东金桥停车场检修库在混凝土浇筑过程中发生坍塌事故,共造成5人死亡,18人受伤。

(3)2013年1月2日14时15分,广西南宁地铁1号线国贸中心前施工现场塌方,造成3人被困。

(4)2013年1月28日,广州市荔湾区康王公交站地铁施工工地旁发生地陷后已陆续出现六次坍塌,有2栋共6间商铺坍塌,塌陷面积约690 m^2。

(5)2013年5月6日凌晨2点40分左右,西安地铁发生塌方事故,事发时有9名工人在地铁井下作业,隧道顶部出现塌方。

(6)2013年7月25日,郑州轨道交通供电配套工程南阳路与黄河路交叉口西北角38号工作井施工中,因基坑结构上部土体失稳造成土方塌落,致2死2伤。

3.5.2　安全风险评估的重要性

换乘节点“拓建”工程是集土建、机械、电气、车辆、自动控制、通信、环境控制等多个学科于一体的复杂的系统工程，具有技术复杂、工期较长、建筑安装实物量大、项目涉及面广等特点，因而在项目的实施过程中存在大量的不确定性风险因素，这些不确定性风险因素严重干扰项目建设目标(投资、进度、质量)的实现，所以要对换乘节点项目实施风险管理。换乘节点施工风险管理的意义体现在以下两个方面：

(1)有利于帮助决策者进行科学化的风险管理

换乘节点工程与其他建设项目相比，是施工技术复杂且施工风险事件发生可能性较高的项目。换乘节点工程具有隐蔽性、复杂性和不确定性等突出特点，风险事件发生的概率较高。而且换乘节点项目一般位于闹市区或主干道，一旦发生事故，所造成的影响不仅是损失投资和影响工期，还会对既有地铁运营线路和周边的社会环境造成负面影响。因此对施工决策者而言，如何利用科学的风险评估来评价各种潜在的施工风险就显得尤为重要。

(2)有利于减少工程事故的发生

换乘节点一般在既有运营车站下方施工，甚至位于多条地铁线的交叉换乘站的下方，对既有运营地铁线路可能造成重大影响。另外，换乘节点站的基坑深度一般在十几米到三十米左右，而基坑周围地质环境复杂，施工工艺复杂，需要使用高、新、先进技术，这些都是施工过程中基坑安全的危险因素。

随着近几年城市换乘节点项目不断涌现，换乘节点事故也是时有发生，事故造成的损失较大。因此针对上述换乘节点项目的特点，为了减少事故的发生，提高施工的安全性，减少风险和项目损失，就必须加强对换乘节点的风险评估。

3.5.3　安全风险评估结果

建立评估对象因素风险等级的隶属度，采用F统计原理，采用专家打分方法确定，各评估因素对风险等级的隶属度见表3.5。

表3.5　各评估因素对风险等级的隶属度(R)

评估对象	指示值	Ⅰ级	Ⅱ级	Ⅲ级	Ⅳ级
地质风险	一级评价等级为Ⅰ级	0.5	0.5	0	0
结构设计与施工风险	一级评价等级为Ⅰ级	1		0	0
环境风险	一级评价等级为Ⅰ级	2/3	1/3	0	0

$$\boldsymbol{A}=[0.375\quad 0.3\quad 0.325]$$

因此,根据模糊综合评估法理论,其最大隶属度的计算结果如下:

$$\boldsymbol{B}=\boldsymbol{A}\cdot\boldsymbol{R}=[0.72\quad 0.27\quad 0\quad 0]$$

根据最大隶属度原则,判定地下车站拓建风险等级为Ⅰ级,主要风险因素如下:

(1)地质风险因素:淤泥质土;饱和状态下黏性土、粉土、砾质黏性土。

(2)设计施工风险因素:地下3层车站。

(3)环境风险因素:车站东北侧是福民加油站,距离约10.2 m;在福民路与石厦北二街交叉口与地铁3号线石厦站换乘;遗留站点止水、矿山法开挖。

3.6　本章小结

(1)在介绍风险矩阵评估方法和模糊综合评估法以及风险因素分析的基础上,从地质风险、设计施工风险和环境风险三个方面辨识了风险因素及其导致的风险事件、发生概率和风险损失。

(2)本次拓建风险的控制因素识别结果为淤泥质土,饱和状态下黏性土、粉土和砾质黏性土,地下三层车站,车站东北侧距福民加油站10.2 m,7号线与3号线石厦站换乘节点,3号线地下三层部分连续墙未施作(基坑围护结构未封闭)。

(3)基于风险矩阵评估法对识别的每一个风险因素经“风险评估矩阵”计算,得出其对应的安全风险等级。本次拓建风险的控制因素评估结果包括4个Ⅰ级风险因素和2个Ⅱ级风险因素。

(4)经各风险因素对应的不同风险等级隶属度的计算,建立了隶属度矩阵 $\boldsymbol{R}$,基于模糊综合评估法采用三因素权重矩阵 $\boldsymbol{A}$ 乘以隶属度矩阵 $\boldsymbol{R}$,得出最大隶属度矩阵 $\boldsymbol{B}$,根据最大隶属度原则提出了本次地下车站拓建施工安全风险等级为Ⅰ级。

(5)根据本次地下车站拓建施工安全风险评估结果为Ⅰ级,为施工安全措施的制定提供了依据。

第 4 章　施工安全控制技术

4.1　安全风险施工措施

换乘节点“拓建”施工遇到的关键问题是要保证运营 3 号线的安全,避免 3 号线结构沉降过大。经多次召开的技术研讨专家会议研究,提出了如下施工措施:

(1)在换乘节点外侧设竖井(注浆工作井平面如图 4.1-1 所示),开挖前进行注浆封闭止水(图 4.1-2)及洞内开挖时补注浆。进一步研究换乘节点地层注浆工艺,确保注浆固结的效果,必要时可考虑选用超细水泥浆。注浆封闭止水后可以明显减少节点内暗挖施工风险,同时也最大限度降低了区间盾构隧道与车站连接处因失水沉降而产生的风险。

(2)先暗挖负二层板下两个边洞、施作板下梁及混凝土斜撑,如图 4.1-3 和图 4.1-4 所示;再暗挖中导洞浇筑中部底纵梁及底板形成中部底板受力体系,通过底板与底梁将部分节点荷载传给地基土,以实现“地基土+立柱桩+地连墙”共同承担竖向荷载,同时对地基土进行必要的注浆加固。

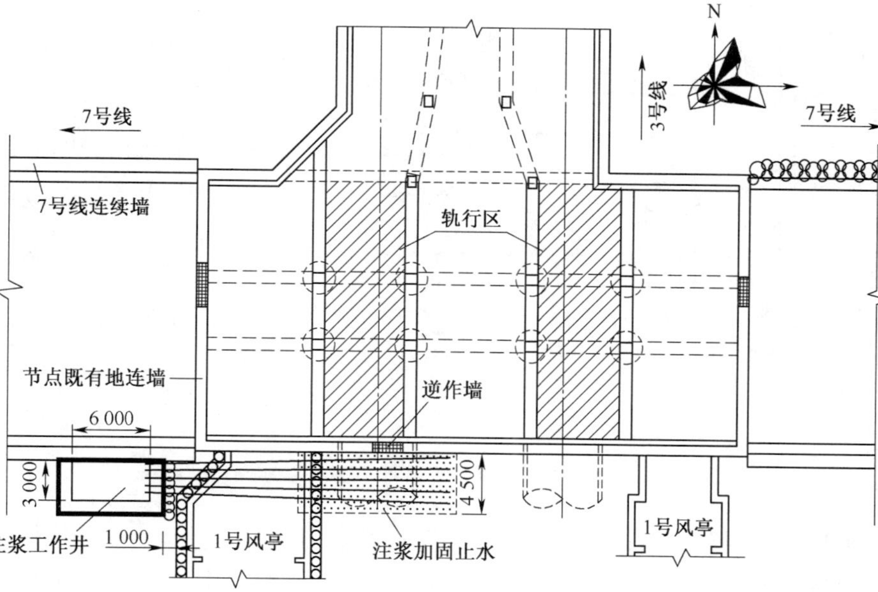

图 4.1-1　基坑外侧注浆工作井平面图(单位:mm)

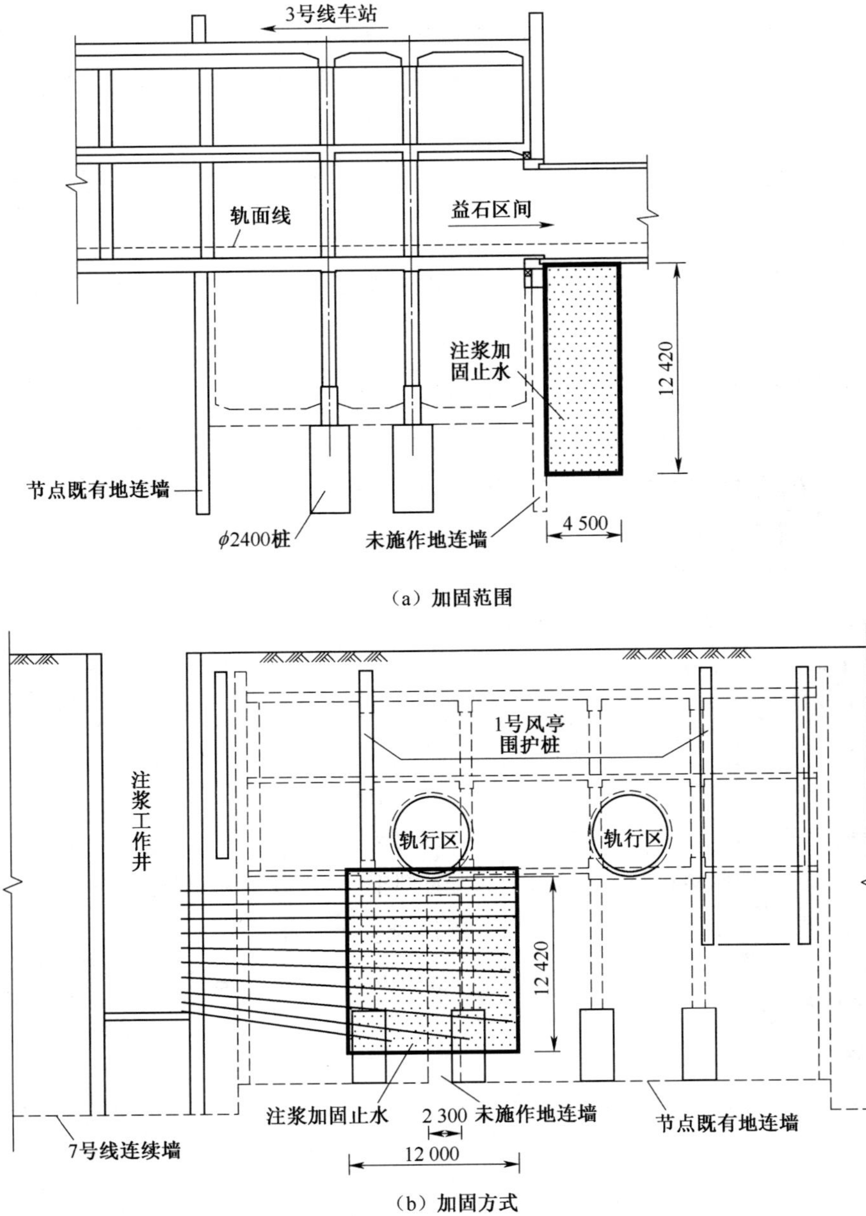

图 4.1-2　基坑外侧注浆封堵地连墙缺口施工示意图(单位:mm)

利用负二层板下斜撑以便将更多的竖向荷载分配给地连墙,再利用中导洞内底纵梁将部分柱荷载传到地基土,从而减小了柱荷载,桩基承载力满足了规范要求。

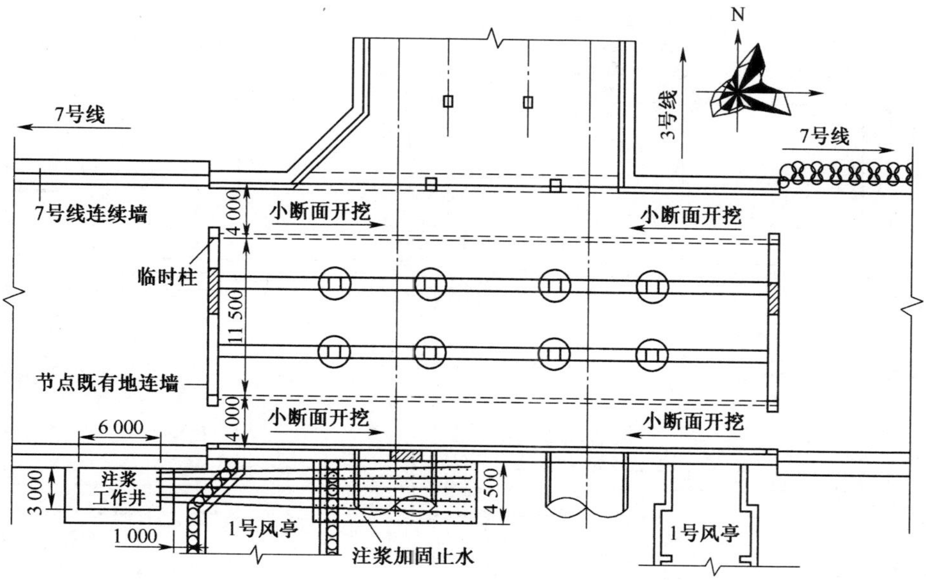

图 4.1-3　换乘节点上部南北两侧角洞及临时立柱平面布置图(单位:mm)

(3)下导洞分上下两层采用机械+人工开挖。开挖前施作 ϕ108 大管棚临时支撑,超前小导管注浆加固 7 m,并在前端部 2 m 处形成止浆墙。地下连续墙开洞后,在开洞处架设双拼型钢支架作为临时洞门,单循环开挖长度 5 m,上部分层高度 1.875 m,下部分层高度 1.8 m,开挖步距为 0.5 m,及时施作初期支护,初支体系为钢筋网 ϕ8@150×150 单层+25a 型钢钢架@0.5 m+ϕ22 纵向连接钢筋(环向间距 1.0 m,内外双层)+C25 喷射混凝土(厚度 300 mm)。

(4)各导洞均采用东、西两侧连续墙开洞,同时向中间开挖的方式。

(5)通过设置多层临时型钢喷混结构作为横向对撑控制开挖期间水平变形。利用水平向结合竖向型钢喷混结构作为支撑,以满足开挖期间地连墙水平受力的要求。

(6)节点部位增设电缆夹层板(厚 0.5 m),并在此设倒角,同时将负三层底板与侧墙相交处的倒角加大,从而将节点负三层分为上下两层,上层净高 1.6 m,下层净高 6.5 m。

(7)对地连墙进行堵漏。加强内衬墙配筋,以满足叠合墙结构的受力要求。

(8)为保证侧墙与原地连墙之间满足叠合结构要求,对地连墙增加植筋作为胡子筋,将侧墙与地连墙有效叠合。

(9)考虑到 3 号线施工时连续墙出现较大变形,墙体质量和刚度有所下降,

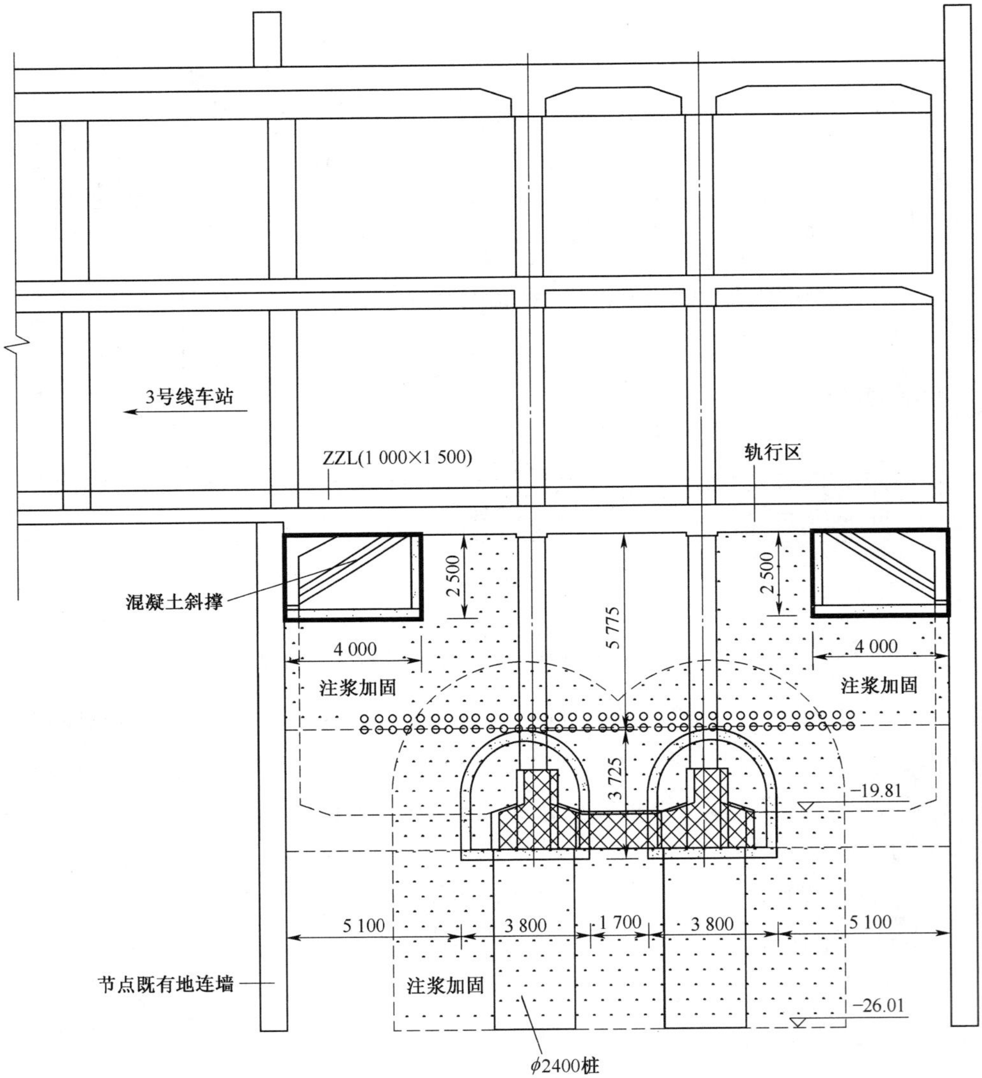

图 4.1-4　换乘节点上部南北两侧角洞剖面布置图(单位:mm)

对节点部位叠合墙厚度适当折减进行检算,连续墙厚度折减为原厚度的 50%,即叠合墙厚度取 800 mm。

(10)永久侧墙可考虑预留限量可控引排水条件,适当降低侧墙外水头压力,确保结构安全。

(11)开挖到节点位置时在板下方增设倒角加强连接,并增加临时斜撑。

(12)换乘节点两侧 7 号线基坑采用井点降水及开挖期间明沟辅助排水的措施。

(13)换乘节点采用分步暗挖法施工,节点开挖前需采取全断面注浆加固止水措施,防止土方开挖期间因地层水土流失而造成结构沉降、开裂、破坏;需要注意的是,节点两侧7号线基坑降水、开挖前,应先将节点南侧地下三层未施作的1幅2.3 m宽地连墙通过临时竖井采取袖阀管注浆等工艺封闭其缺口,防止造成7号线基坑范围外的水土流失,以减小对周边房屋、已运营3号线石厦站及区间盾构隧道的影响。

(14)对3号线石厦站段运营提出限速运行的要求,并对3号线运营轨道采取调轨措施或进行扣轨加固处理。同时换乘节点遗留工程施工过程中对3号线车站、区间影响范围进行全自动监测,及时反馈信息,确保整个施工过程在可控状态下进行。

(15)换乘节点内部采用暗挖导洞和型钢喷混结构支护,分层、分块开挖节点范围内的土体,开挖过程中严格按照"管超前、严注浆、短进尺、强支护、早封闭、勤量测"的原则进行施工,以减小开挖过程中的沉降变形。

4.2　施工方案优化

由于施工现场作业空间较为狭小,对原换乘节点施工方案进行了局部优化,具体如下:

4.2.1　树根桩改用挖孔桩

原设计树根桩施工方案如下:石厦站树根桩采用跳打(间隔2~3个桩位)的形式施工,树根桩待小导洞开挖支护完成后由中间向两边分5段进行施工,共布置8台钻机。单个导洞内布置4台地质钻机(需改装,满足净空要求),第一施工区内布置2台由中间向两侧跳桩对向施工,同时第二施工区内布置2台(两侧各布置1台),完成后分别转入第三施工区。树根桩施工时泥浆循环系统布置在节点外基坑内,泥浆池采用钢板制作,尺寸1.5 m×1.5 m×1 m,通过泥浆管相连,泥浆泵补充泥浆,沉淀后的沉渣采用龙门吊转运至基坑外。换乘节点原树根桩施工平面如图4.2-1所示。

由于导洞内空间较为狭小,现场施工条件无法满足树根桩的施工要求,为达到设计目的,并结合现场情况,换乘节点120根树根桩变更为节点东西两侧叠合柱下部4根人工挖孔桩,桩径为1 600 mm,桩长为8 m。优化后挖孔桩方案现场操作性强,在达到同样的结构要求的同时,节约了施工时间,提高了施工效率,节省了施工成本。挖孔桩平面如图4.2-2所示。

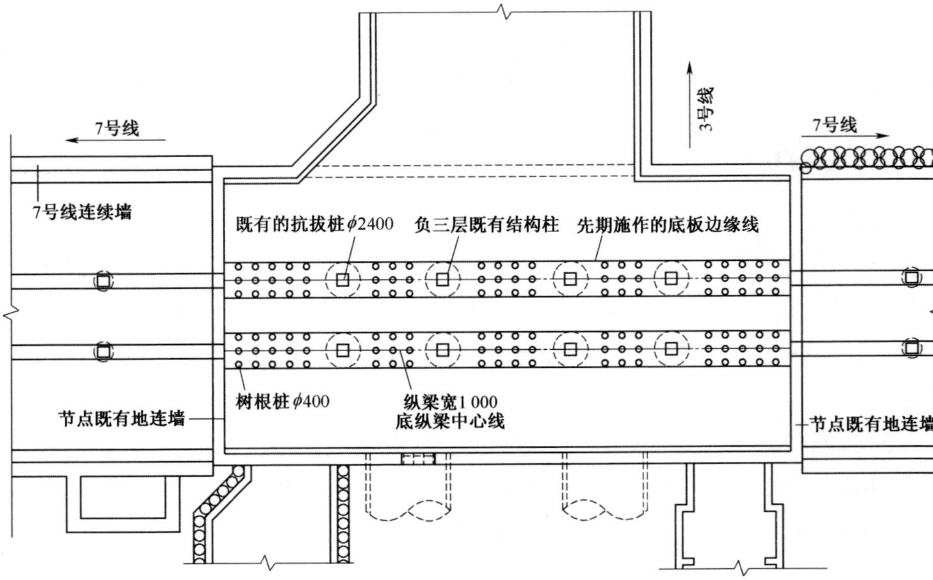

图 4. 2-1　换乘节点树根桩平面图(单位:mm)

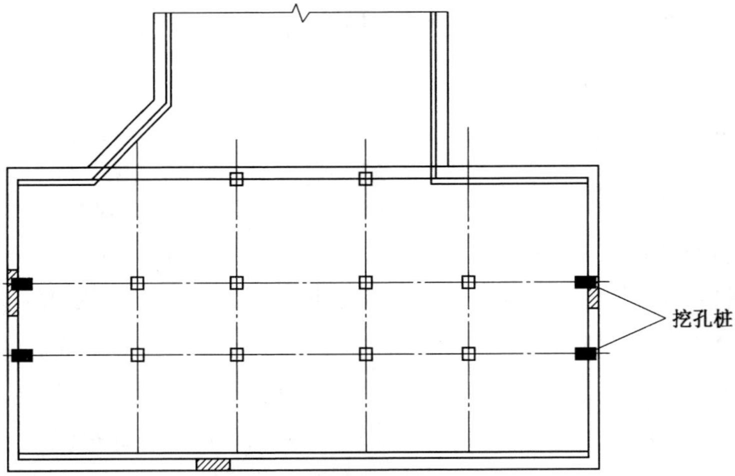

图 4. 2-2　换乘节点挖孔桩平面图

4. 2. 2　底纵梁处增设横通道

中导洞开挖及导洞内底板结构施工完成后,在中导洞内开挖三处横通道,横通道内浇筑底板,有效连接两导洞内底板,使两导洞内底板可以相互支撑,如图 4. 2-3 所示。

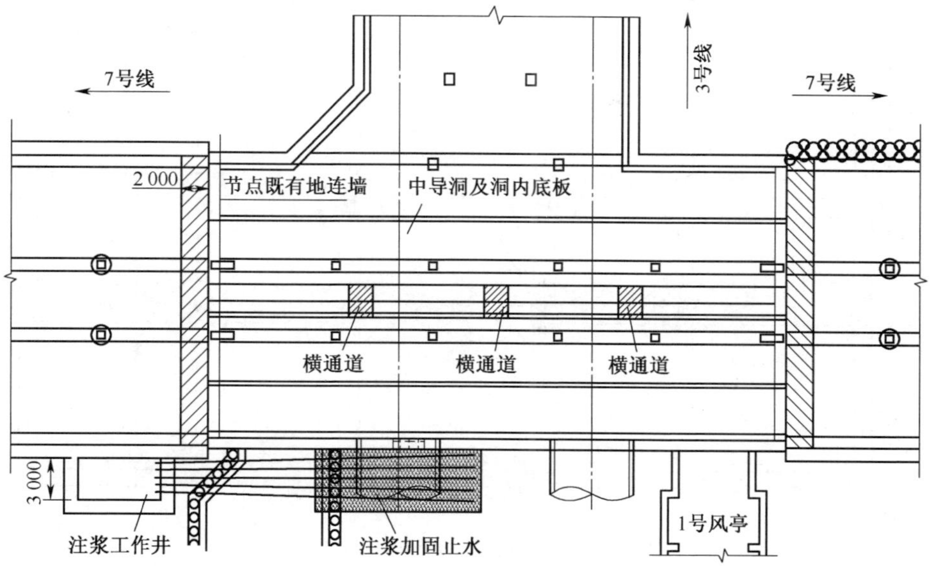

图 4.2-3　换乘节点横通道平面图(单位:mm)

底纵梁横通道的施工:将节点内两条底纵梁进行连接,在开挖第一层土方前将已施工底板形成整体受力结构,将节点内结构柱通过底纵梁整体连接,将两条底纵梁通过三个横通道连接,使现有结构柱、纵梁形成整体,保证后续开挖过程中已施作底板结构更好地起到支撑作用。

4.2.3　换乘节点电缆夹层板补强

换乘节点第一层土方开挖完成后,进行电缆夹层板施工。由于电缆夹层板施工过程中与既有 3 号线已施作 8 根结构柱为植筋连接,为确保结构稳定,在电缆夹层板与已施作结构柱连接部位采取补强措施,补强部位如图 4.2-4 所示。

换乘节点负三层结构净高 8.6 m,底板与负二层板中间增设电缆夹层板,板厚 400 mm,电缆夹层板与侧墙相交处设 900 mm×300 mm 腋角,电缆夹层板纵向东高西低,整体坡度为 0.2%。电缆夹层板将节点负三层分为上下两层,上层净高 1.6 m,下层净高 6.5 m,板顶距离负二层板底 1.705 m/1.205 m,电缆夹层板在节点第一层土方开挖完成后进行施工。

在后续节点内土方开挖过程中,电缆夹层板对上部南北两侧地连墙起支撑作用,电缆夹层板的施工质量直接关系基坑安全,对控制既有线路沉降起到至关重要作用。作为后续新增施工结构,与原有结构的连接是否牢靠至关重要,在电

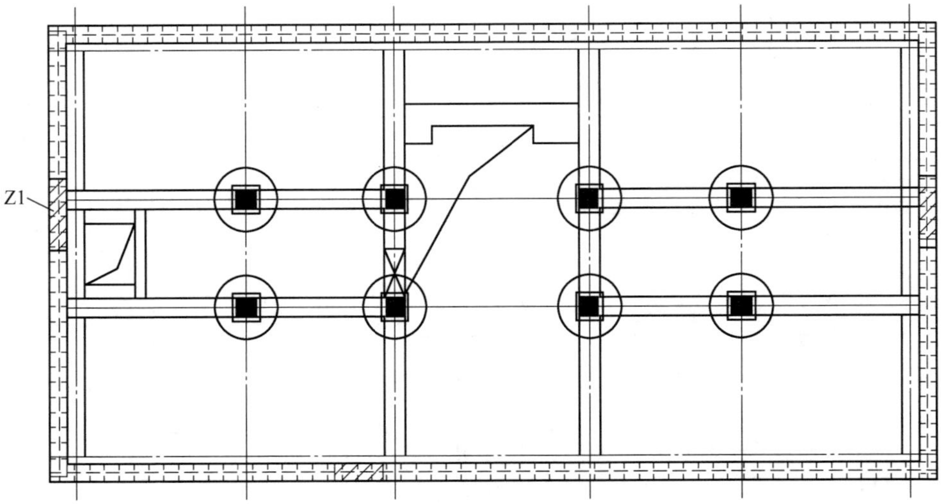

图 4. 2-4　电缆夹层板补强部位平面图

缆夹层板梁与既有线结构柱的连接节点处采取补强措施，确保新增电缆夹层板自身结构的稳定及安全。在后续的开挖过程中，使得电缆夹层板不因自身跨度及自重过大而导致弯沉，受两侧墙体侧压后能起到支撑作用，防止地连墙产生形变。

4. 2. 4　换乘节点开挖优化

电缆夹层板下方土体开挖层数由三层调整为两层，水平分层一次开挖。电缆夹层板下部土方分两层水平开挖，第一层开挖高度 3 995 mm，开挖过程中拆除角洞斜撑；第二层开挖高度 3 800 mm。第一层开挖完成后及时架设钢支撑（ϕ609，t = 14 mm），通过钢腰梁支撑在南北两侧地连墙上，钢腰梁下部设置三角支架，如图 4. 2-5 所示。

优化方案为东西两侧同时开挖，在车站负二层后浇带封闭之后，随开挖面破除地下连续墙。将既有线换乘位置地连墙由车站负二层板划分为两段，负三层范围内地连墙随开挖面进行破除。

整个节点范围共设置 13 根钢支撑，支撑间距 3 000 mm，局部需要避让已经完成的结构柱，间距调整为 4 200 mm，支撑预加轴力 1 500 kN。

第一层土方开挖至支撑位置后，根据测量组放出的支撑中心线反算出钢支架顶面标高，再从此标高下移 50 mm、470 mm 分别打两根长 220 mm 的 M20 膨胀螺栓，将钢支架固定于连续墙上，如图 4. 2-6 所示。

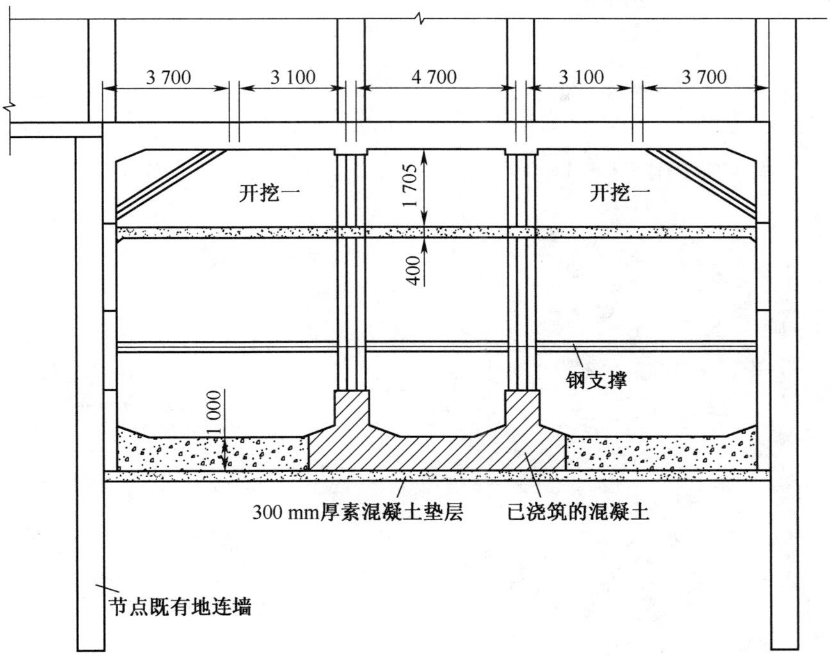

图 4. 2-5　优化后采用竖向分层整体开挖和中间架设支撑的施工截面图(单位:mm)

注:开挖一是指开挖第一层两侧顶角部分

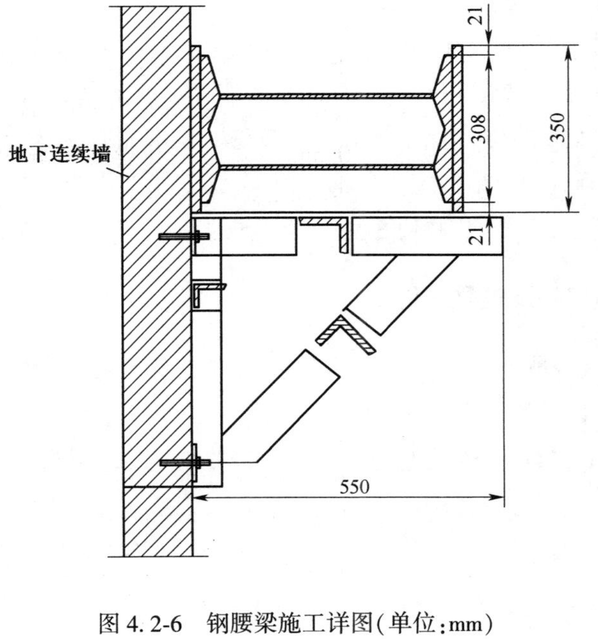

图 4. 2-6　钢腰梁施工详图(单位:mm)

膨胀螺栓(带弯钩)通过钢丝绳与钢管支撑锁紧固定好,以防止钢管支撑坠落砸伤人。

在南侧一排中立柱上设置一条纵向钢系梁。采用 10 号双拼型钢,通过 M16 螺杆对拉固定在柱子两侧,槽钢两侧贴 10 mm 厚钢板;采用 75 mm×8 mm 角钢支座三架支架焊接于槽钢上,形成系梁底部支托,如图 4. 2-7 所示。

图 4. 2-7　换乘节点新增钢支撑示意图

第一层土方开挖高度为钢支撑以下 500 mm,高度约为 3. 5 m。第一层土方开挖完成后,及时进行钢支撑施工,以满足开挖期间地连墙水平受力要求,保证运营线路安全。第二层土方开挖将节点内剩余土方开挖完毕。

节点内开挖方案的优化:在节点主要受力结构完成后,将复杂的施工方案简单化,并对开挖过程中水平支撑较薄弱的环节增设钢支撑来确保基坑安全。综合比较起来,优化后方案确保了施工可以按进度要求完成,缩减了施工成本。开挖优化为后期节点剩余结构施工争取了时间,加快了节点内结构的完成速度,提前使换乘节点进入安全期,并使 3 号线运营早日进入安全稳定的状态。

4. 2. 5　后浇带暗柱及过梁优化

出于对基坑及既有线运营安全的考虑,将暗柱移至后浇带内,暗柱所对应过梁同时位移,具体位置如图 4. 2-8 所示。

后浇带施工方案优化后,避免了对既有线路地连墙的破除工作,提前将负二层后浇带封闭,将既有线路东西两侧地连墙在负二层位置断为两部分,使换乘节点负三层的施工不受后浇带影响。负三层范围内地连墙可随开挖进行破除,负一层和负二层地连墙落底于负二层后浇带中板上。

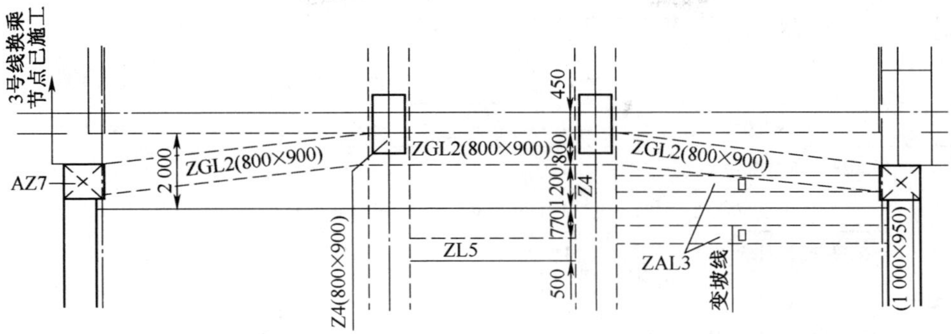

图 4. 2-8　优化后浇带暗柱及过梁位置(单位:mm)

4.3　施工风险的监测控制

为避免换乘节点"拓建"施工出现较大的工程事故,根据施工风险分析,并结合《深圳城市轨道交通地下工程监测技术规范》(QB/SZMC-10102—2010),制定了施工风险的控制标准,见表 4. 3-1 ~ 表 4. 3-3。

施工过程中需对换乘节点、已运营 3 号线车站及盾构隧道进行监测。当监测数据超出相应预警值、报警值和控制值指标时,需报告相关单位并采取应急措施及预案,防止出现施工风险,避免对运营地铁线路和周边环境造成影响。

表 4. 3-1　基坑施工监测值控制标准

序 号	监测项目及范围	允许位移控制值 U_0(mm)			位移平均速率控制值(mm/d)	位移最大速率控制值(mm/d)
		一级基坑	二级基坑	三级基坑		
1	桩顶沉降	10			1	1
2	地表沉降	60	70	80	3	5
3	周边建(构)筑物沉降	30	40	50	3	5
4	桩体水平位移	≤0. 25%H 或 ≤40,两者取小值	≤0. 5%H 或 ≤50,两者取小值	≤0. 75%H 或 ≤60,两者取小值	3	5
5	竖井水平收敛	30			2	5
6	基坑底部土体隆起	20	25	30	2	3

注:1. H 为基坑开挖深度。

2. 建筑物允许倾斜率,按国家标准计算确定。

表 4. 3-2 既有地铁/铁路道床变形控制标准

序 号	监测项目	预警值	报警值	控制值
1	结构受力监测	设计值的 50%	设计值的 80%	设计值的 100%
2	道床平顺度	2. 0 mm/10 m	3. 2 mm/10 m	4. 0 mm/10 m
3	左右轨道差异沉降	2. 0 mm	3. 2 mm	4. 0 mm
4	三角坑	2. 0 mm/18 m	3. 2 mm/18 m	4. 0 mm/18 m
5	结构绝对变形量	10. 0 mm	16. 0 mm	20. 0 mm
6	隧道相对变形量	1/5 000	1/3 125	1/2 500
7	隧道结构的裂缝与受损情况监测	按照国家相关标准与设计要求确定		

表 4. 3-3 暗挖施工监测值控制标准

序 号	监测项目及范围		允许位移控制值 U_0(mm)	位移平均速率控制值(mm/d)	位移最大速率控制值(mm/d)
1	地表沉降	区间	50	3	5
		车站	80		
2	拱顶沉降	区间	40	3	5
		车站	50		
3	水平收敛		30	2	3

注:1. 位移平均速率为任意 7 d 的位移平均值;位移最大速率为任意 1 d 的最大位移值(下同)。

2. 位移允许控制值 U_0 可根据现场条件、结构、工法和施工工况,参见表 4. 3-3 由业主和设计单位研究确定。

3. 表中区间隧道标准是指跨度<8 m,车站跨度<16 m。大断面的区间或车站参考设计控制标准执行。

4. 表中拱顶沉降系指拱部开挖以后设置在拱顶的沉降测点所测值(下同)。

5. 建筑物允许沉降和倾斜率按国家标准计算确定。

4.4 本章小结

依据施工安全风险评估结果,提出如下安全风险施工控制技术:

(1)在换乘节点外侧设竖井,开挖前进行注浆封闭止水及洞内开挖时补注浆。

(2)先暗挖负二层板下两个边洞、施作板下梁及混凝土斜撑。

(3)下导洞分上下两层采用机械+人工开挖,开挖前施作大管棚和超前小导管注浆加固,并在前端部 2 m 处形成止浆墙。

(4)各导洞均采用东、西两侧连续墙开洞,同时向中间开挖的方式。

(5)通过设置多层临时型钢喷混结构作为横向对撑控制开挖期间水平变形。

(6)节点部位增设电缆夹层板(厚 0.5 m),并在此设倒角。

(7)对地连墙进行堵漏,对地连墙增加植筋作为胡子筋,将侧墙与地连墙有效叠合,其厚度取 800 mm。

(8)预留限量可控引排水条件。

(9)开挖到节点位置时在板下方增设倒角加强连接,并增加临时斜撑。

(10)换乘节点两侧 7 号线基坑采用井点降水及开挖期间明沟辅助排水的措施。

(11)通过树根桩改用挖孔桩、底纵梁处增设横通道、换乘节点电缆夹层板补强、换乘节点开挖优化、后浇带暗柱及过梁优化,进行了施工方案优化。

(12)提出了施工过程中需对换乘节点、已运营 3 号线车站及盾构隧道进行重点监测,并给出了详细的监测内容及其控制指标。

第 5 章　地下车站拓建技术

5.1　拓建工艺流程

针对 7 号线与 3 号线石厦站换乘节点“拓建”施工，提出了“拓建”工艺流程，如图 5.1 所示。拓建步骤具体如下：

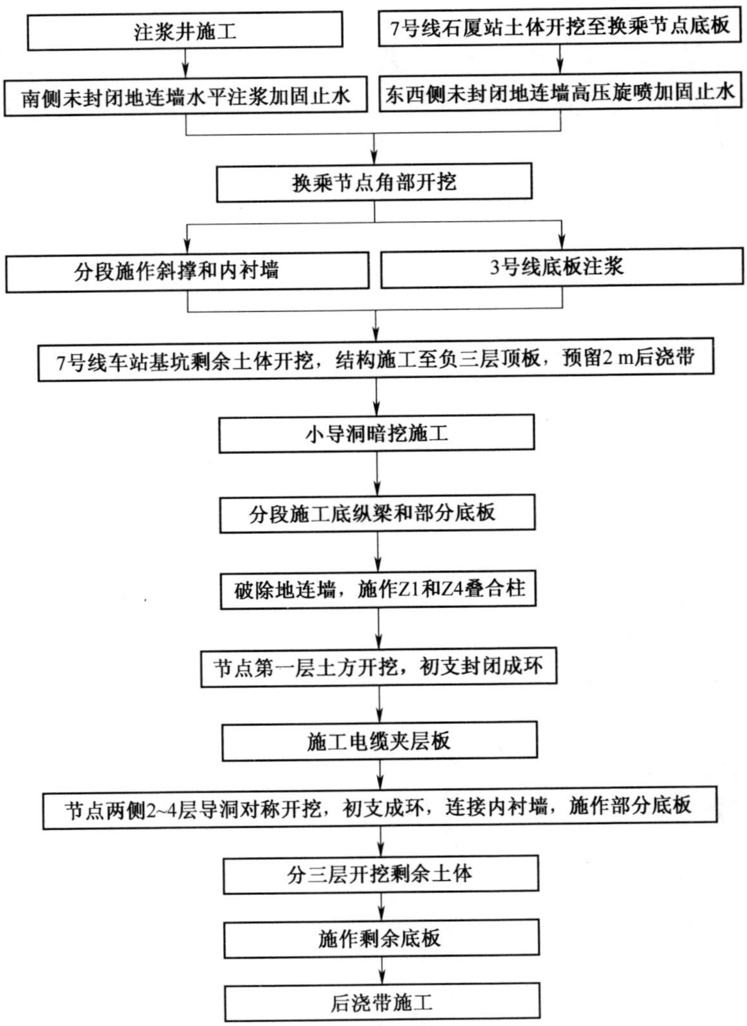

图 5.1　拓建工艺流程图

(1)对3号线未封闭的东、西侧地下连续墙高压旋喷加固止水,南侧未封闭的地下连续墙注浆加固止水。

(2)7号线土体分层对称开挖至负二层底板,换乘节点两侧保留20 m长度的反压土。

(3)从东西两侧4个作业面开挖换乘节点角部土体,开挖前先破除开挖范围内的地下连续墙,架设双拼型钢支撑作为临时洞门,喷射20 cm厚的混凝土封闭开挖面,全断面注浆加固土体,加固长度7 m,单循环开挖长度为5 m,端部2 m作为止浆墙,采用机械+人工配合的方式全断面开挖,架设型钢支撑、挂网喷射混凝土完成初支结构,每次开挖长度为0.5 m,随挖随支。角部土体开挖两循环(10 m)后,植筋、施工内衬墙,全部开挖完成后架设斜撑(钢管支撑),支撑内部灌注C25混凝土,分担部分3号线负二层底板竖向荷载。

(4)从角部打水平注浆孔,对3号线负二层底板下土体进行注浆加固,减小降水或下步开挖对3号线的影响。

(5)7号线土体开挖,开挖过程中完成东西侧未封闭地下连续墙封堵,结构施工至负二层底板,预留2 m后浇带。

(6)下导洞施工,顶部设大管棚,全断面注浆,小导管超前支护,上下台阶法开挖,同时对下部土体进行注浆加固。

(7)下导洞挖通后,施工人工挖孔桩、部分底板及底纵梁,形成中部底板受力体系。

(8)施工东西侧Z1、Z4叠合柱。

(9)换乘节点第一层中部土体开挖。

(10)分三段施工电缆夹层板。

(11)换乘节点南北两侧剩余土体分三层开挖,开挖、初支及内衬墙施工方式与角部施工方式相同。

(12)分三层开挖换乘节点中部剩余土体,施工方式与角部施工方式相同。

(13)施工剩余部分底板,拆除型钢支撑及角部斜撑,完成换乘节点施工。

5.2 换乘节点拓建技术

5.2.1 车站主体基坑开挖

7号线石厦站基坑开挖全部采用明挖法,开挖过程中始终坚持“分层、分块、对称、平衡、限时开挖、随挖随撑”的原则，尽可能减少基坑开挖面上围护结构的无支撑暴露时间及变形。

石厦站基坑开挖至高程 -8.693 m 后，原设计注浆竖井在主体基坑开挖至第三道混凝土支撑时完成注浆，后继续向下开挖。现场实际施工中，由于注浆滞后，为保证工期，采用旋喷桩封闭西侧地连墙。在第三道混凝土支撑下 0.5 m 位置打双管旋喷桩，旋喷桩入基底 3 m。旋喷桩施工结束后，西侧基坑再开挖，开挖至高程-13.710 m 位置，局部破除 3 号线地连墙，开挖换乘节点上层两侧角部土体，边开挖边进行全断面注浆加固地层，安装钢斜撑及钢斜撑混凝土灌注。后继续开挖 7 号线剩余土体，同步封闭 3 号线东西两侧地下连续墙至底板下 1 m，施工 7 号线主体结构，完成负二层中板施工，预留 2 m 后浇带。主体基坑开挖与换乘节点角洞关系如图 5.2-1 所示。

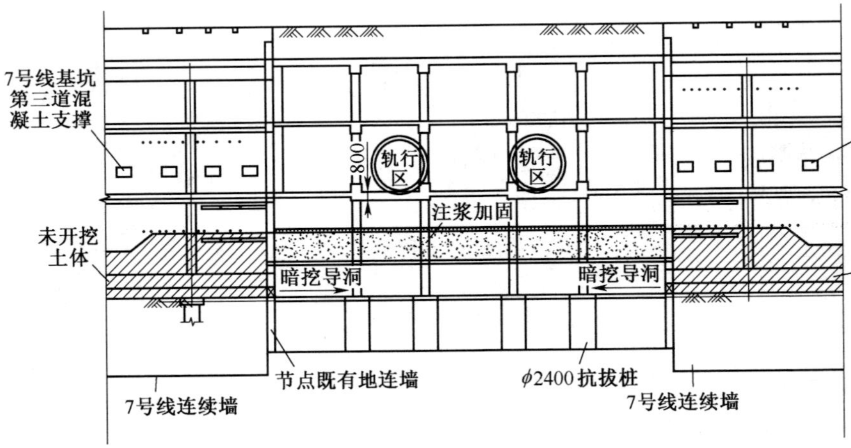

图 5.2-1　主体基坑开挖与换乘节点角洞开挖关系(单位:mm)

5.2.2　南侧地连墙缺口注浆止水施工

为避免基坑开挖过程中 3 号线结构失水过多、沉降失控，在 7 号线基坑外侧设临时注浆竖井(图 5.2-2)，开挖前对南侧未施工完成的一副地连墙进行注浆封闭止水。

注浆竖井共布置 100 个袖阀管注浆孔，按照自上而下的顺序进行注浆施工。为保证注浆效果，第一次对全部注浆孔进行注浆，第二次对内侧两列注浆孔进行加强补注。注浆竖井注浆孔位布置如图 5.2-3 所示。注浆竖井与注浆范围剖面如图 5.2-4 所示。

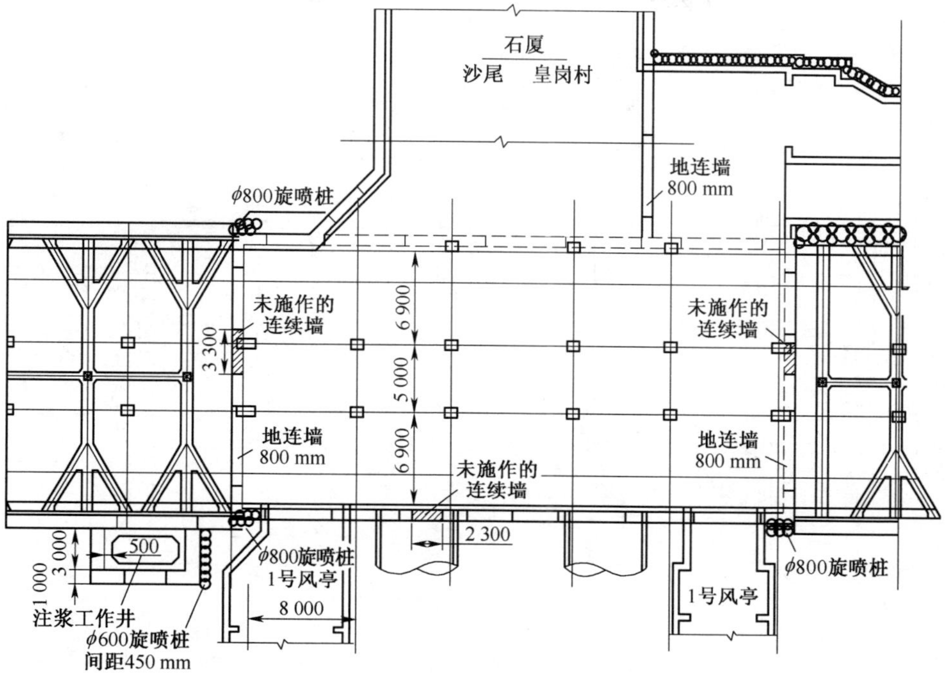

图5.2-2　换乘节点及临时注浆竖井平面图(单位:mm)

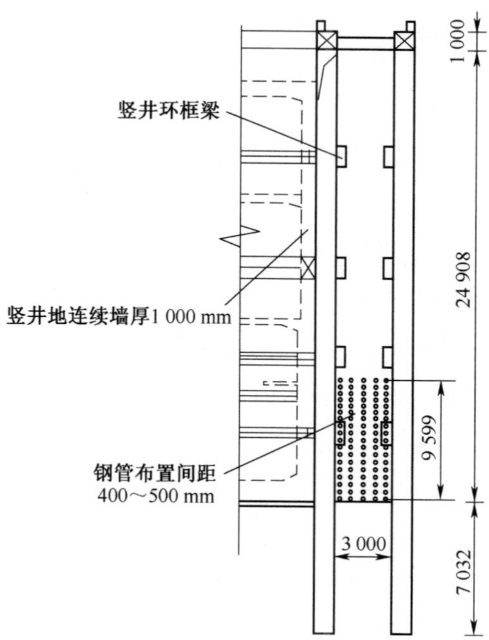

图5.2-3　注浆竖井注浆孔位布置图(单位:mm)

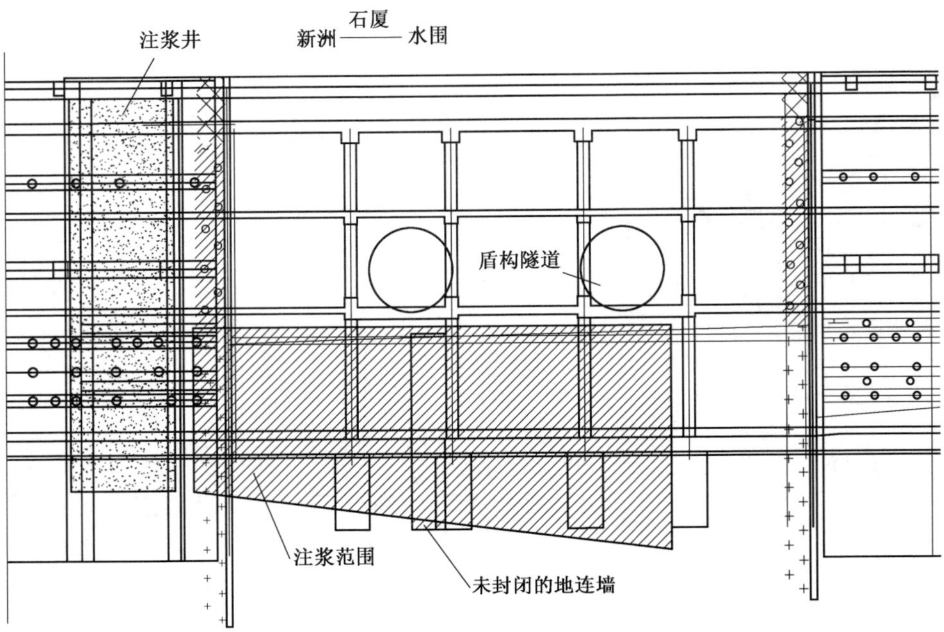

图 5.2-4　注浆竖井与注浆范围剖面图

5.2.3　东西侧地连墙缺口注浆封闭

在注浆竖井未完成注浆情况下，为保证工期，先采用旋喷桩封闭东西侧地连墙。在第三道混凝土支撑下 50 cm 位置打 ϕ600 双管旋喷桩进行地层加固处理，旋喷桩呈格栅状布置，共 23 根。旋喷桩桩底高程 −24.01 m，桩顶高程 −9.19 m，桩径 600 mm，间距 450 mm，入基坑底部 3 m。

在中、强风化层中实施旋喷桩，采用地质钻机先引孔后旋喷。若换乘节点既有连续墙与旋喷桩之间存在空隙，则对其加固端头进行袖阀管注浆，孔距按 1.0 m 考虑；若遇到原 3 号线施工的旋喷桩孔，则该孔调整为袖阀管注浆施工。旋喷桩施工结束后，西侧基坑从盾构井往东分层开挖，开挖时靠近换乘节点侧预留 20 m 反压土。

两幅未封闭地连墙（图 5.2-5）在基坑开挖过程中采用型钢钢架加喷锚封闭。在未封闭地连墙土层中打 30 cm 的 ϕ14 插筋挂内层 ϕ8@150×150 钢丝网，内层 ϕ22 纵向连接筋焊接在型钢钢架上，可借助注浆锚管定位型钢钢架，后焊接外层钢筋挂外层钢丝网。

初支钢架采用工 25a 型钢，竖向间距 500 mm，纵向连接筋间距 500 mm，沿钢架内缘、外缘交错布置，ϕ22 竖向联系钢筋与初支钢架可靠焊接，单面焊长度

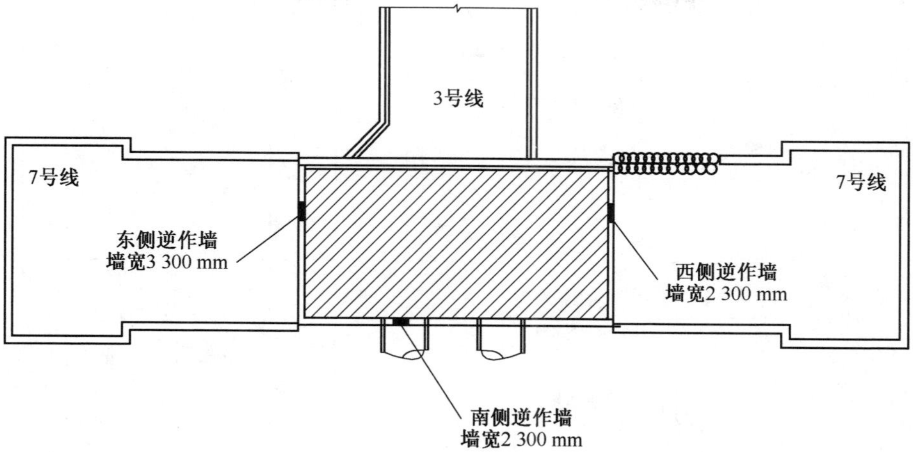

图 5. 2-5　未施作逆作墙平面位置示意图

不小于 10d,喷射 C25 混凝土厚 300 mm(型钢外缘喷射混凝土 40 mm,内缘喷射混凝土 10 mm),采用 $\phi42\times3.5$ 注浆锚管支护,$L=4.5$ m,锚管水平、竖向间距分别为 0. 5 m、1 m,边开挖、边注浆、边设初支钢架及喷射混凝土挂网,如图 5. 2-6 和图 5. 2-7 所示。

5. 2. 4　换乘节点顶角开挖及支护

待东西端基坑开挖至换乘节点第一层土体底板(－14. 11 m)后,开始施工换乘节点东西端两个顶角,顶角尺寸为高 2. 5 m、宽 4 m,东西两端相向同时开挖,具体施工部位如图 5. 2-8 所示。

顶角施工前需破除既有地连墙,考虑破除地连墙后地层水土流失造成 3 号线主体结构沉降、开裂、破坏,开挖过程中需采取全断面注浆加固止水措施。加固完成后方可进行土方开挖。

主要施工工序:开挖范围土体全断面注浆加固→地连墙破除及双拼支护→超前小导管施作及注浆→开挖及支护→开挖 5 m →封闭掌子面→进入下一循环。

1. 地连墙破除

全断面注浆前,对顶角施工区域地连墙进行破除。破除前先测量放线,将破除区域用红油漆进行标记,然后采用水钻进行分块破除。为了便于地连墙破除后双拼型钢支护,破除边界外放 5 cm。破除遵循“边破边撑”的原则,及时支护,避免地连墙破除后长时间悬空。双拼工字钢采用 25 号工字钢,并将地连墙钢筋与钢架进行焊接,再进行喷射混凝土并封闭掌子面。

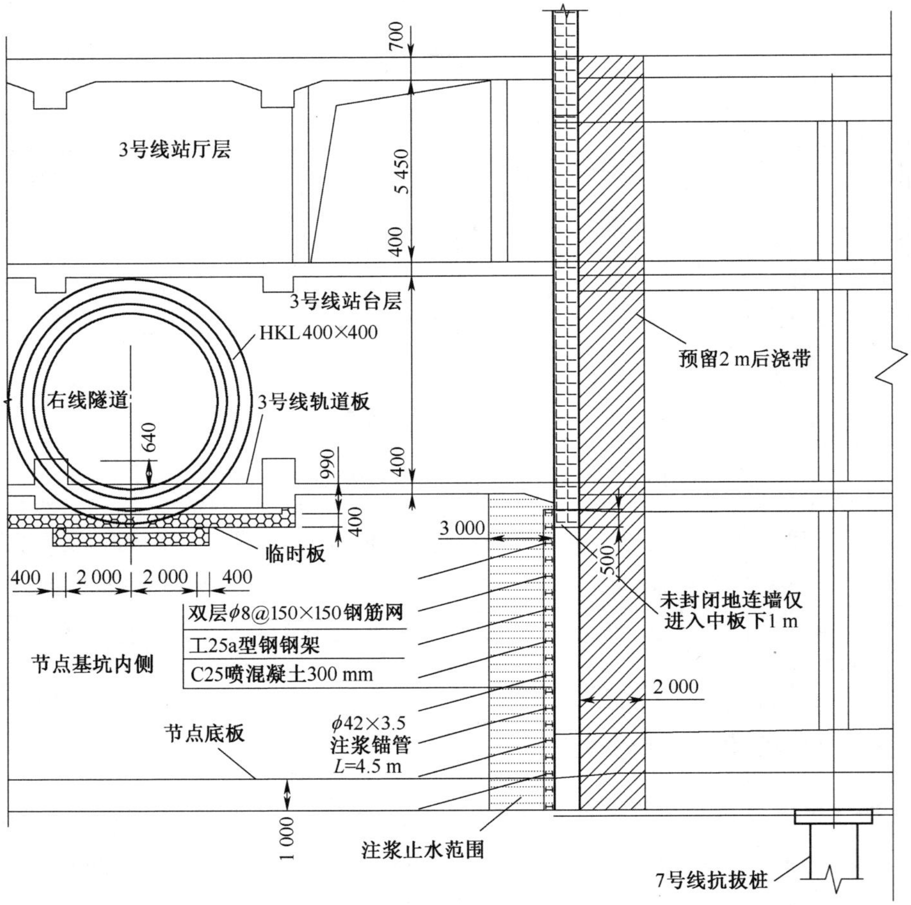

图 5.2-6　东西侧地连墙续接图(单位:mm)

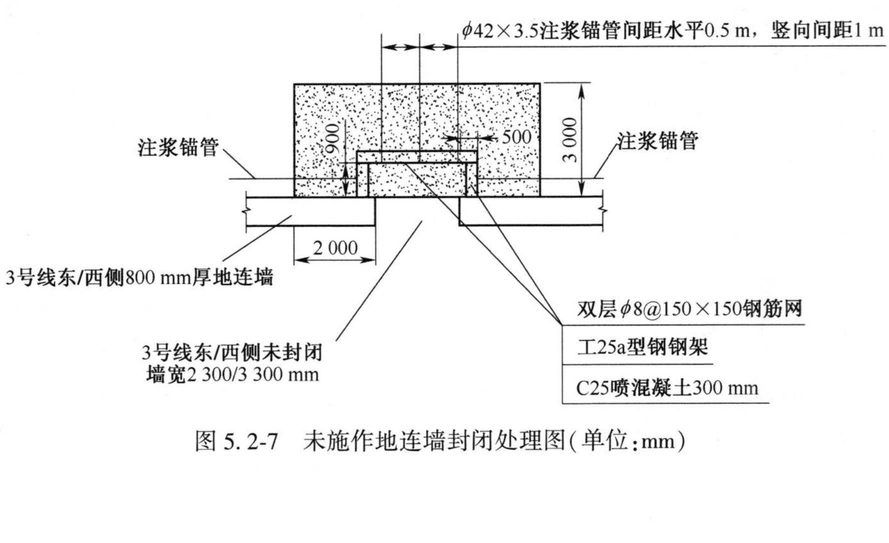

图 5.2-7　未施作地连墙封闭处理图(单位:mm)

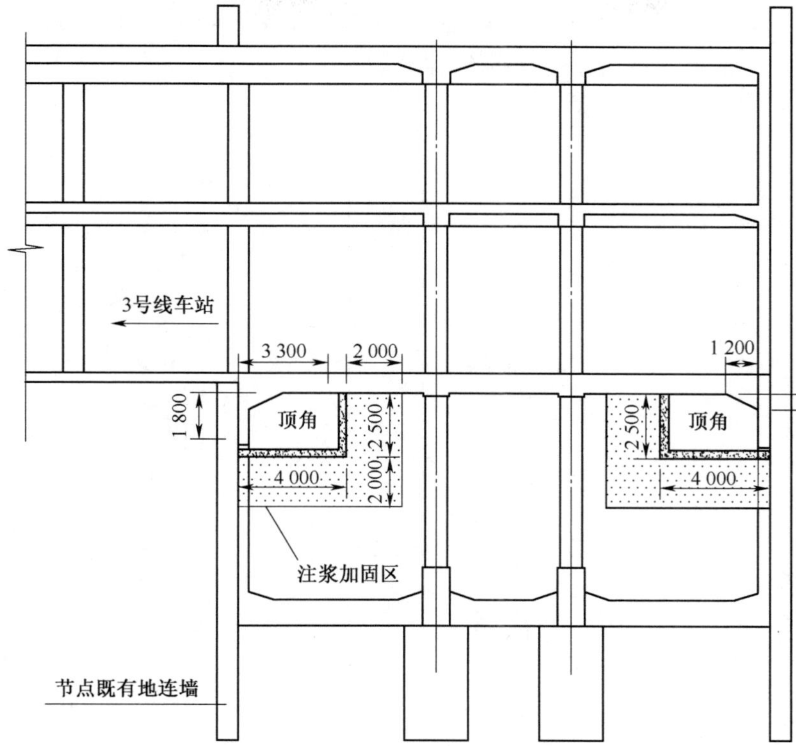

图5.2-8　换乘节点第一层顶角位置图(单位:mm)

(1)根据地连墙破除区域范围,划分为两个部分(Ⅰ区和Ⅱ区),先用红油漆划出凿除边线,然后采用手持式水钻机沿着边线连续钻 ϕ100 的孔,孔深800 mm,待Ⅰ区四周全部布满钻孔后,在中心面板上钻入一根拉筋,通过小型挖机将Ⅰ区整块拉下,完成Ⅰ区破除,立即进行型钢安装及掌子面挂网喷混工作。Ⅰ区完成后,按照同样的方法进行Ⅱ区破除。区域划分如图5.2-9所示。

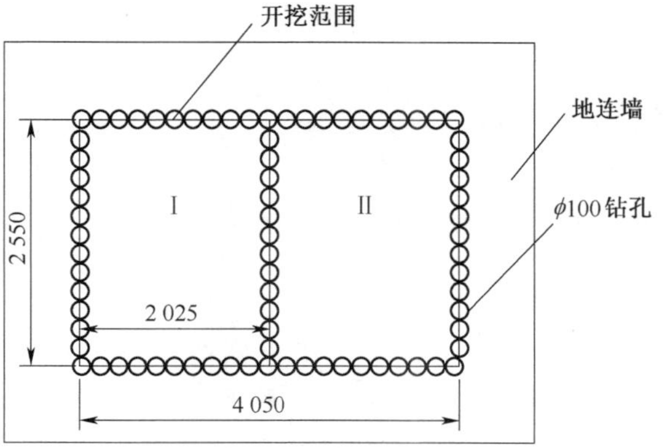

图5.2-9　地连墙破除区域划分示意图(单位:mm)

(2)地连墙破除后,立即对破除区域进行双拼型钢钢架支护,并喷射 C25 混凝土及封闭掌子面。双拼示意如图 5. 2-10 所示。

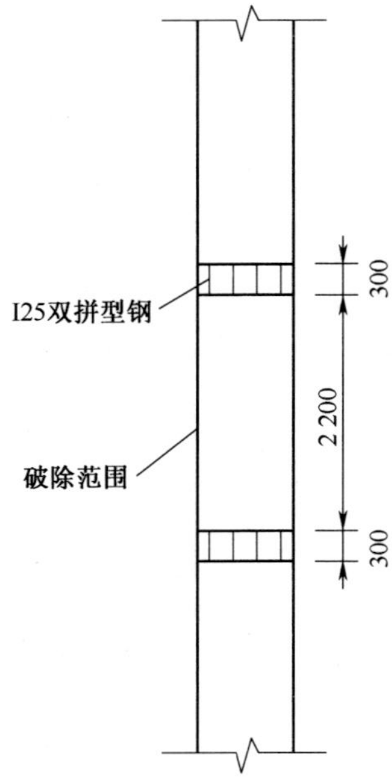

图 5. 2-10　地连墙破除双拼示意图(单位:mm)

2. 全断面注浆

在洞室松散体范围内注浆加固,注浆采用 ϕ42×3. 5 的钢花管长管并结合短管进行,管内压注水泥、水玻璃双液浆。

注浆沿洞室掘进方向每 7 m 一个循环,形成 2 m 止水盘,注浆管的倾角及长度根据现场地质及施工条件综合确定。注浆孔水平向按 0. 8 m、竖向按 1. 2 m 均匀布置。注浆管长 7~8 m,注浆扩散范围直径 2 m,选择退后式或前进式分段注浆工艺,每循环注浆后做钻孔检查。

注浆加固工艺流程如图 5. 2-11 所示。

(1)封闭掌子面

为防止注浆时地下水涌出作业面及跑浆,在注浆地段起始处的掌子面采用 20 cm 厚 C25 挂网喷射混凝土。

(2)注浆钻孔布置

注浆钻孔水平向按 0. 8 m、竖向按 1. 2 m 均匀布置。根据注浆范围为开挖线外放 2 m、注浆段长为 7 m、单个注浆钻孔的作用范围为直径 2 m、在注浆管根部需形成 2 m 厚止浆墙,超前预注浆注浆孔长短结合布置,全断面径向注浆注浆

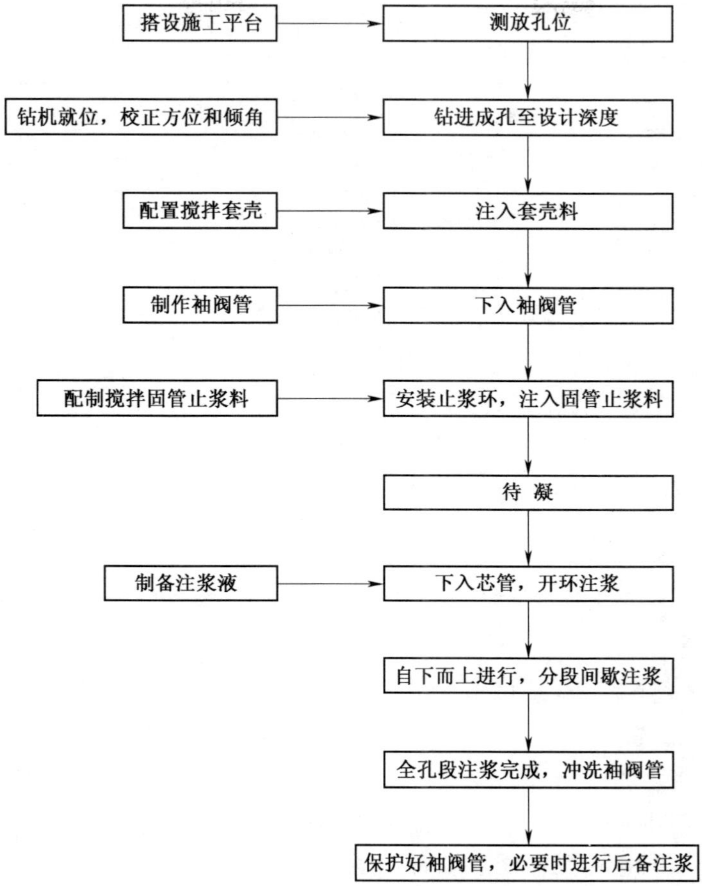

图 5. 2-11　注浆施工工艺流程图

孔按梅花形布置,由于顶部为已施工完的负二层底板,边墙为已施工地连墙,注浆孔统一偏角向下偏。注浆孔布置如图 5. 2-12 和图 5. 2-13 所示。

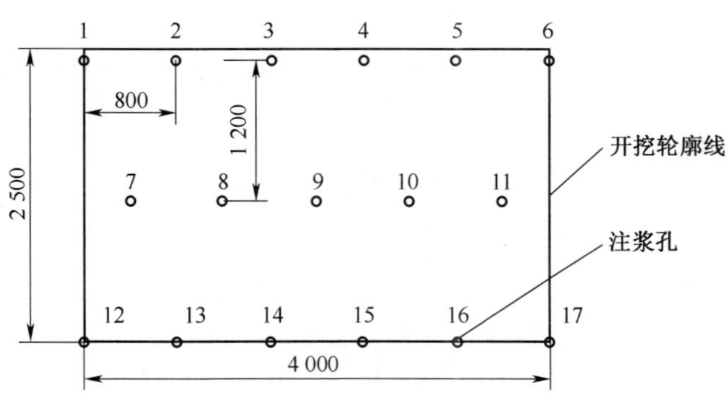

图 5. 2-12　掌子面注浆孔布置图(一)(单位:mm)

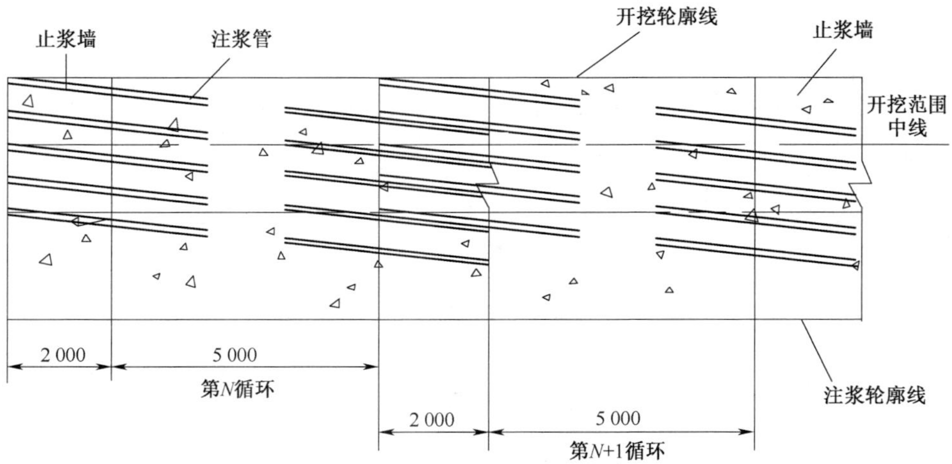

图 5. 2-13　注浆孔平面布置示意图(单位:mm)

(3)钻孔施工

钻孔选用 XY-150 地质钻机,先根据孔位、钻孔参数在工作面上放出钻孔位置,并用油漆标定。因洞室拱部为负二层板(换乘节点二、三、四层为型钢支护),所以调整钻杆角度需向下偏 5°~6°,移动钻机,将钻头对准所标孔位。将棱镜放在钻杆的尾端,用全站仪检查钻杆的姿态并调整。

(4)注浆管埋设

注浆采用长管注浆和短管注浆相结合的方法,长管注浆遗留的空隙由短管注浆弥补。注浆管采用两节 $L=3.5$ m 的热轧无缝钢管(花管),外径为 42 mm,壁厚 $t=3.5$ mm,长 $L=7$ m,分为两节,每节长 3.5 m,钢管前端呈尖锥状,钻孔完成后立即埋设花管,并采用编织袋包裹住注浆管口或闸阀关闭。钢花管加工形状如图 5. 2-14 所示。

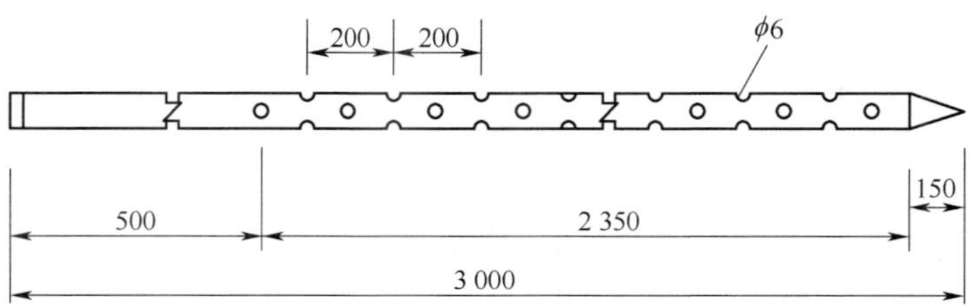

图 5. 2-14　注浆管加工图(单位:mm)

3. 顶角开挖支护

(1)顶角开挖

顶角尺寸为 2. 5 m×4 m,支护完成后尺寸为 2. 2 m×3. 7 m,为便于型钢拱架的安装，在迎土侧开挖外边界外放 5 cm，即实际开挖尺寸为 2.55 m×4.05 m。

根据地质情况反映，此区域东、西端上半部分为砾质黏性土，下半部分为全风化花岗岩，通过采取全断面注浆加固措施，开挖范围内的围岩有所改善，同时考虑到顶部为负二层板以及边墙为既有地连墙，本洞室采用小型挖机配合人工开挖，原 3 号线残留临时混凝土结构采用风镐进行破除，既有混凝土面上浮渣通过人工进行清理，单循环开挖土方约 5.16 m^3，渣土由小型挖机自带推板推至基坑内，由龙门吊吊出。换乘节点第一层土体开挖过程发现 3 号线施工残留 2 m 厚混凝土，如图 5.2-15 所示。

图 5.2-15　换乘节点第一层土体开挖过程发现 3 号线施工残留 2 m 厚混凝土

考虑断面尺寸大小，采用全断面法开挖，单循环进尺控制在 0.5 m 内，施工中随时观察渗漏水情况，始终贯彻“先止水、再开挖”的原则。每开挖 5 m 后进行下一循环全断面注浆，方可继续开挖。

开挖过程中，应遵循“管超前、短进尺、强支护、早封闭、勤量测”的原则。

(2)顶角支护

顶角支护主要参数为：①单层铺设 ϕ8@150×150 钢筋网；②安装间距 0.5 m 的工 25 型钢钢架；③内外双层焊接 ϕ22 纵向连接筋，环向间距 1.0 m；④最后喷射 30 cm 厚的 C25 混凝土。具体支护形式如图 5.2-16 所示。

(3)3 号线负二层底板下中间土体加固

随着顶角开挖进尺，对靠近负二层底板下中间土体部位进行注浆加固，注浆管安装小导管进行加工，加工长度 5.5 m，纵向间距 1.0 m，距离底板 1.8 m 位置埋深，钻孔施工前，测量放样，注意避开中部已经施工的 8 根结构柱。注浆参数及工艺参照全断面注浆要求，具体注浆管布置如图 5.2-17 所示。

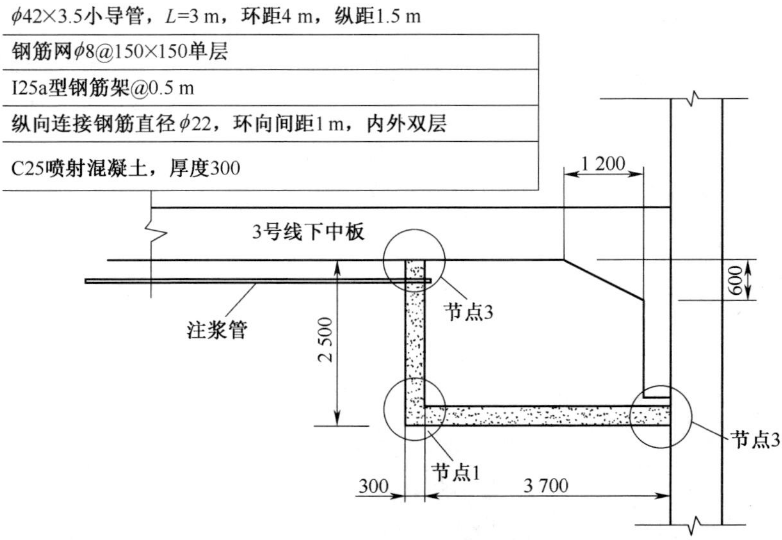

图 5. 2-16　节点上层两侧角部开挖支护横断面图(单位:mm)

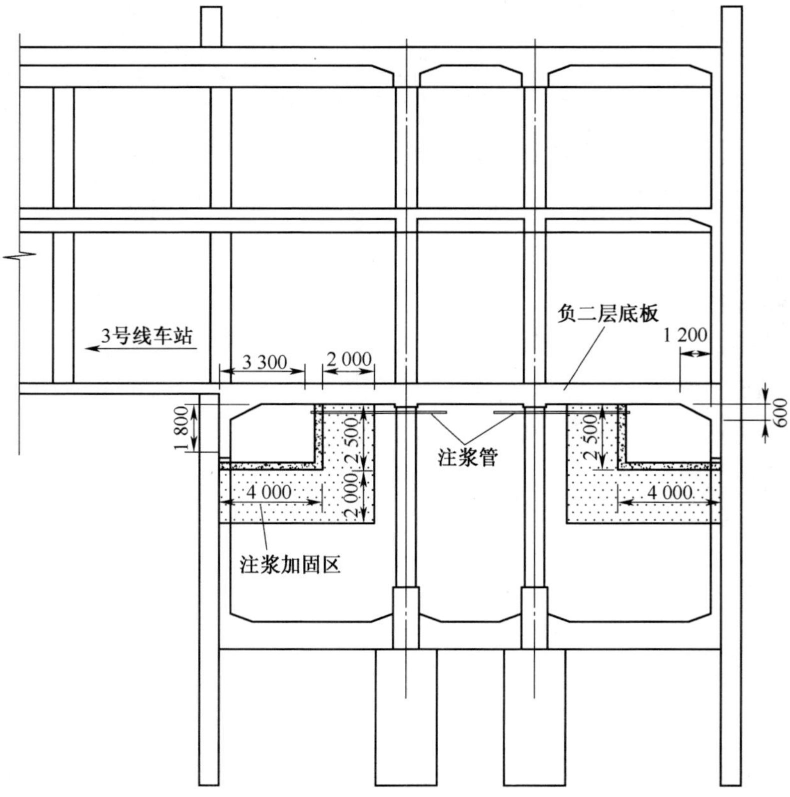

图 5. 2-17　负二层底板下土体加固注浆管示意图(单位:mm)

4. 板下增设倒角及第一节内衬墙施工

(1)换乘节点上层两侧角部土体开挖完成后,在负二层中板下方增设倒角加强板与墙的连接,倒角尺寸为900 mm×300 mm,增设倒角与第一节内衬墙一起施作,如图5.2-18所示。

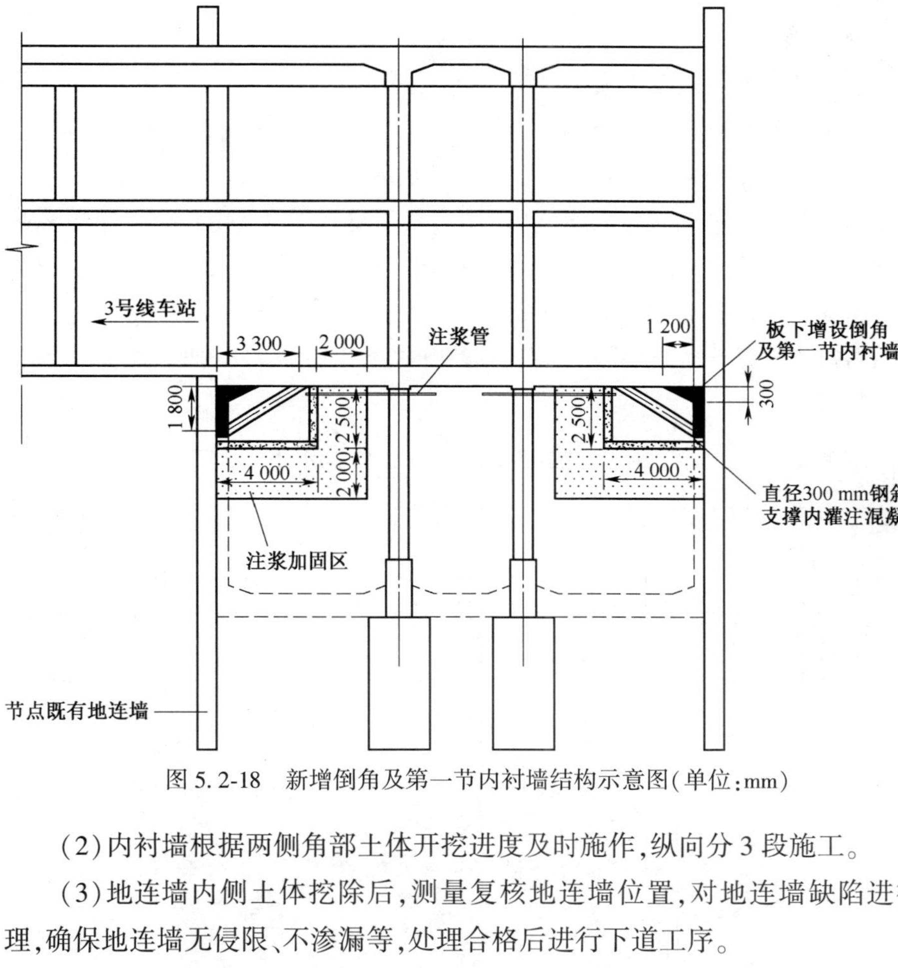

图5.2-18　新增倒角及第一节内衬墙结构示意图(单位:mm)

(2)内衬墙根据两侧角部土体开挖进度及时施作,纵向分3段施工。

(3)地连墙内侧土体挖除后,测量复核地连墙位置,对地连墙缺陷进行处理,确保地连墙无侵限、不渗漏等,处理合格后进行下道工序。

(4)节点范围负三层结构为叠合结构,侧墙施工时需凿除地连墙中预埋的叠合墙钢筋,若预留接驳器已损坏失效,对地连墙增加植筋作为胡子筋,将侧墙与地连墙有效叠合,以满足叠合墙结构受力要求。

(5)内衬墙采用C35、P10防水混凝土,施工中严格控制混凝土的配合比,确保防水混凝土的施工质量。浇筑侧墙时,需在侧墙与地连墙之间涂刷界面剂(水泥基渗透结晶防水涂料)。模板加固及混凝土施工详见图5.2-18。

(6)内衬墙主筋净保护层厚度,迎土侧为50 mm,背土侧为40 mm,施工中不得随意变化。为确保混凝土保护层的设计厚度，可用细石混凝土制作保护层垫块，其抗侵蚀能力和强度应高于构件混凝土，水胶比不低于0.4。

（7）内衬墙墙体受力钢筋接长可采用搭接接头，但在墙、板结点部位，钢筋较密集，为保证钢筋的净距，不宜在该处采用钢筋搭接焊形式。

（8）永久侧墙根据设计要求预留限量可控引排水条件，适当降低侧墙外水头压力，确保结构安全。

5. 换乘节点负二层底板斜撑加固

考虑中导洞实施过程中土体固结沉降对负二层板的影响，在中导洞开挖前先在负二层板下设置临时钢斜撑以减小立柱桩的受力。

在两侧顶角开挖完成后，施作内衬墙，然后分段施工钢斜撑，钢斜撑采用ϕ300钢管，最后灌注C25混凝土。钢斜撑安装主要流程如下：内衬墙施工→预埋钢管斜撑预埋件及螺栓→安装钢管斜撑→灌注混凝土。

钢斜撑布置具体位置及间距如图5.2-19和图5.2-20所示。

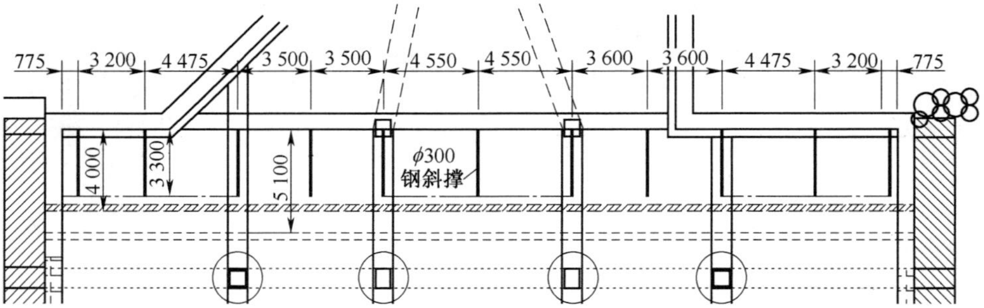

图5.2-19　钢斜撑布置图（单位：mm）

图5.2-20　角洞钢斜撑布置图

钢斜撑采用 $\phi300$ 钢管，单根中心长度为 3.058 m，两端焊接连接板通过螺栓与预埋的底座进行连接。

(1)钢管加工

由于钢斜撑安装好后需灌注混凝土，所以必须提前在钢斜撑两端钻孔，底部为 $\phi100$ 的浇筑管，顶部为 $\phi30$ 的排气孔，同时采用相应大小的钢管进行焊接，并全部安装阀门。钢斜撑加工由专业的钢支撑加工厂完成，具体加工图如图 5.2-21 所示。钢斜撑加工需进行首件验收制度，验收合格后方可大批量生产。

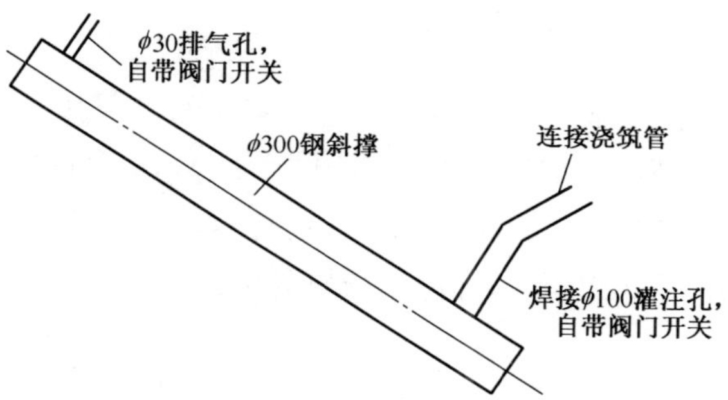

图 5.2-21　钢斜撑加工图

(2)底座加工

底座需根据钢支撑进行配套加工，由专业的钢支撑厂家完成。

(3)钢斜撑安装

待内衬墙施工完成后，分段进行底座预埋及钢支撑安装，安装前通过龙门吊将钢支撑吊至顶角洞口，然后由人工将钢支撑运至工作面进行安装，具体安装位置如图 5.2-22 所示。

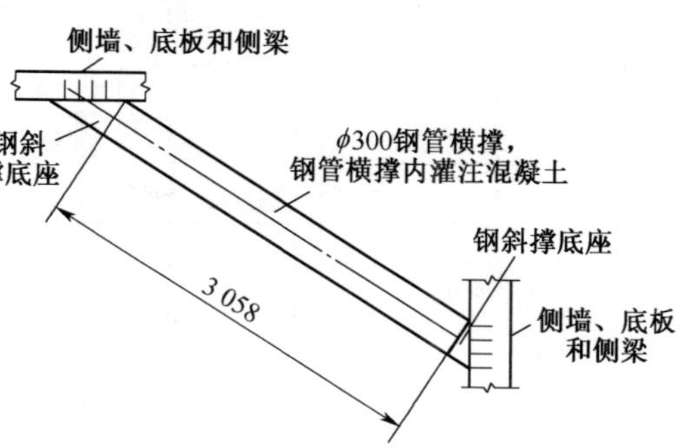

图 5.2-22　钢斜撑安装图(单位：mm)

(4)钢斜撑灌注混凝土

待钢支撑全部安装完成后,通过泵车进行混凝土灌注,单根钢斜撑需灌注混凝土约 0.216 m^3。具体方法为:

①将输送泵混凝土浇筑管与底部灌注管连接,并采用箍环连接紧密,然后打开两端阀门进行混凝土灌注。

②混凝土灌注过程中时刻观察上部排气孔,一旦发现有冒浆现象,立即关闭两端阀门。

③除混凝土输送泵管,灌注结束。

5.2.5　小导洞注浆加固、开挖及支护

小导洞位于节点底部位置,拱顶为 R=1.9 m 的半圆弧,下部为 1.825 m×3.6 m 的方形形状,超前支护主要为:拱部采用 ϕ108×8 大管棚(两排 L=22 m,环距 0.4 m)及拱墙 ϕ42×3.5 小导管(L=3 m,环距 0.4 m,纵距 1.5 m)。小导洞位置及断面图如图 5.2-23 所示,开挖现场如图 5.2-24 所示。

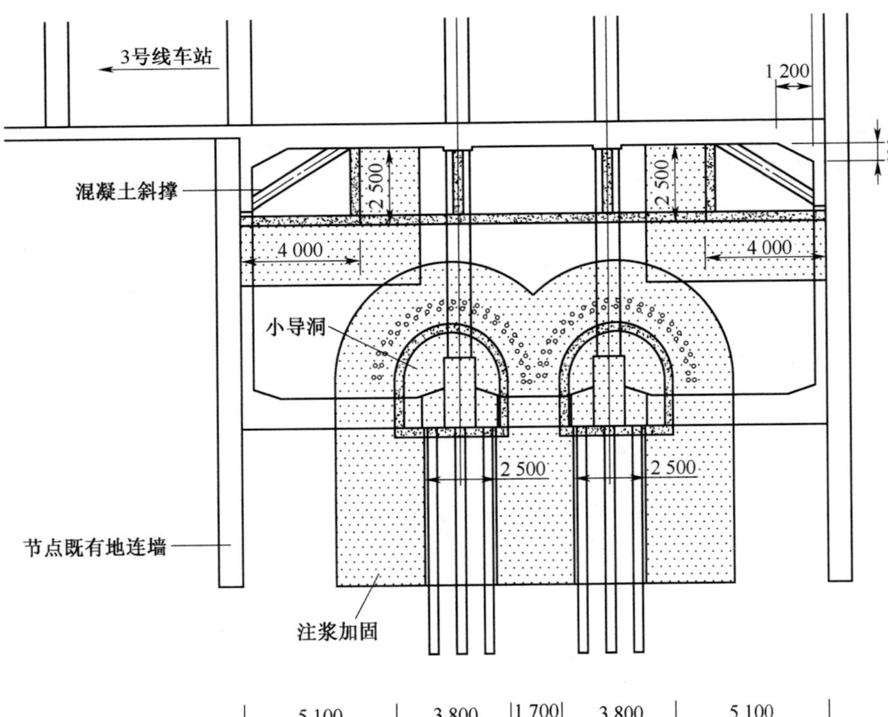

图 5.2-23　小导洞断面布置图(单位:mm)

图 5. 2-24　小导洞开挖现场

初支措施为:①单层铺设 $\phi8$@ 150×150 钢筋网;②安装间距 0. 5 m 的工 25 型钢钢架;③内外双层焊接 $\phi22$ 纵向连接筋,环向间距 1. 0 m;④$\phi42$ 锁脚锚杆,L=2 m,每榀 4 根;⑤最后喷射 30 cm 厚的 C25 混凝土。小导洞横断面如图 5. 2-25 所示。

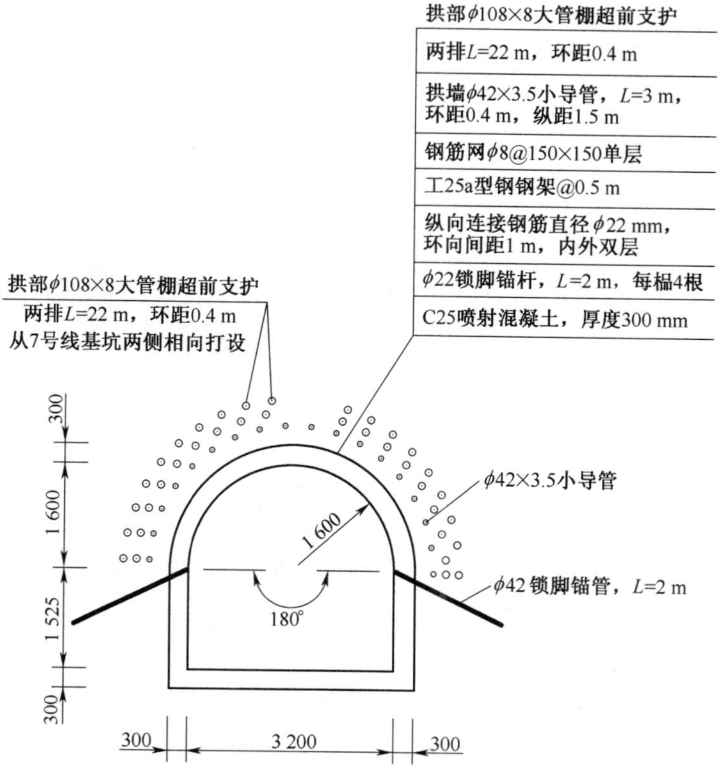

图 5. 2-25　小导洞横断面图(单位:mm)

(1)小导洞施工条件

小导洞施工必须在 7 号线剩余土体开挖完成,同步封闭 3 号线东、西侧地连墙至底板下 1 m,施工 7 号线主体结构,完成负二层中板,预留 2 m 后浇带。

(2)小导洞施工流程

小导洞施工流程如图 5.2-26 所示。

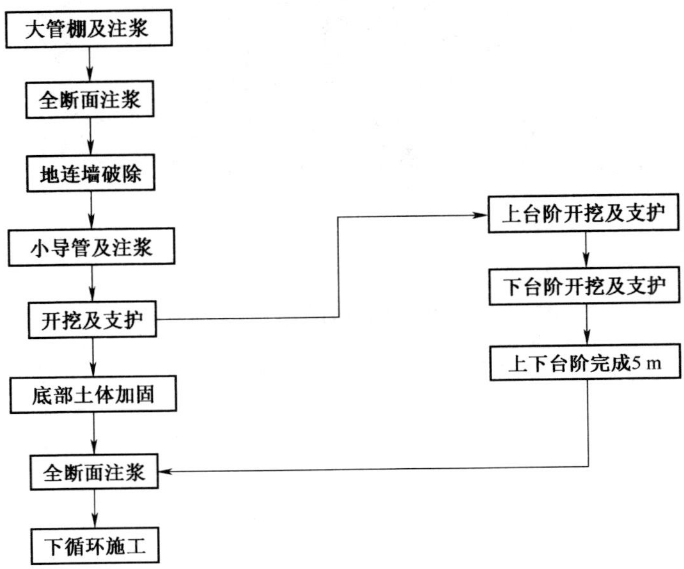

图 5.2-26　小导洞开挖施工流程图

(3)大管棚施工

小导洞开挖前需东西两端相向打设两排大管棚,大管棚为 $\phi108\times8$ 的无缝钢管,在小导洞拱部环向布设,长度为 22 m,中间搭设 2 m,环距 0.4 m。钢管轴线外插角为 1°~3°。

①大管棚孔位布置

在节点的小导洞范围内,3 号线已施作完成的结构柱,大管棚施工时需避开,根据环距 0.4 m,具体孔位布置如图 5.2-27 和图 5.2-28 所示。

根据以上大管棚布置方法,单个洞室大管棚总共 36 根,外侧 19 根,内侧 17 根。大管棚施工工艺流程如图 5.2-29 所示。

②大管棚钻孔

在地连墙破除前,自东西两端分别施工大管棚,每端钻孔长度 22 m,直接采用在地连墙上开孔作为大管棚导向墙,先通过测量放样,将孔位用红色油漆进行标记。

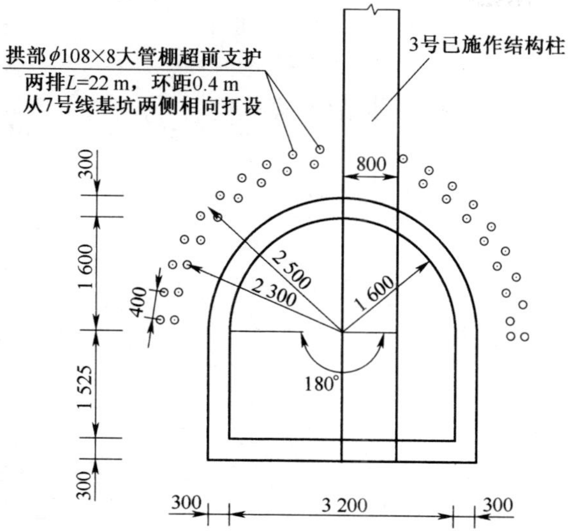

图 5.2-27　大管棚断面布置图(单位:mm)

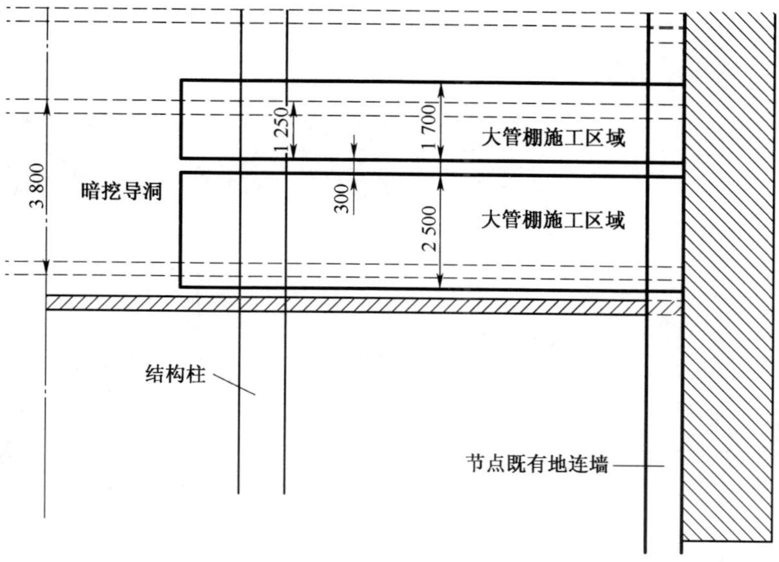

图 5.2-28　大管棚施工平面布置图 (单位:mm)

钻孔采用管棚钻机,选用比管棚直径大 20~30 mm 的钻头,钻头采用氧焊法焊在厚壁钢管上,钻头采用钨合金钢。

由于钻机高度限制,先在 2 m 后浇带位置搭设施工平台,钻机平台的高度根据钻机的可调控范围以及钻孔顺序确定。由于钻机钻孔顺序按高孔位向低孔位进行,平台位置相应自上而下进行逐步降低,以满足钻孔需要。平台搭设使用脚手架管铺设木模板,具体搭设如图 5.2-30 所示。

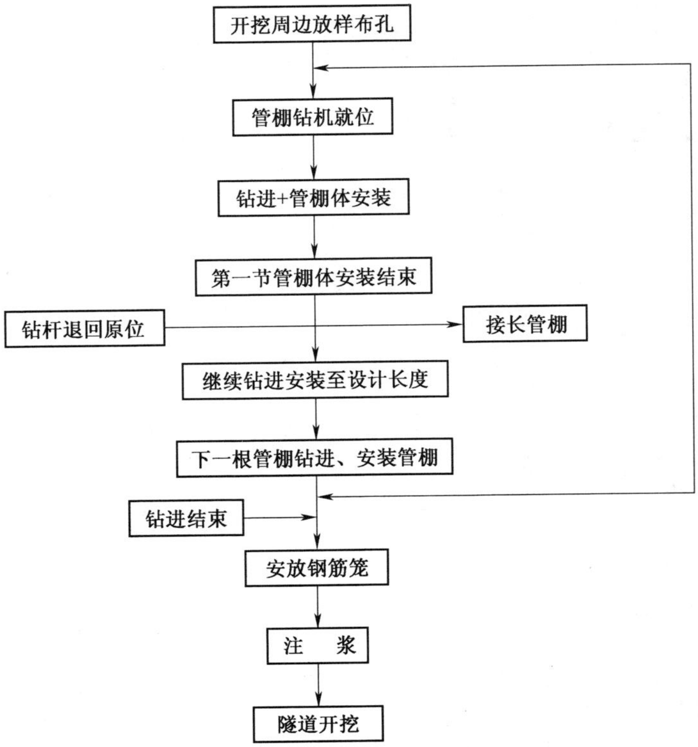

图 5. 2-29　大管棚施工流程图

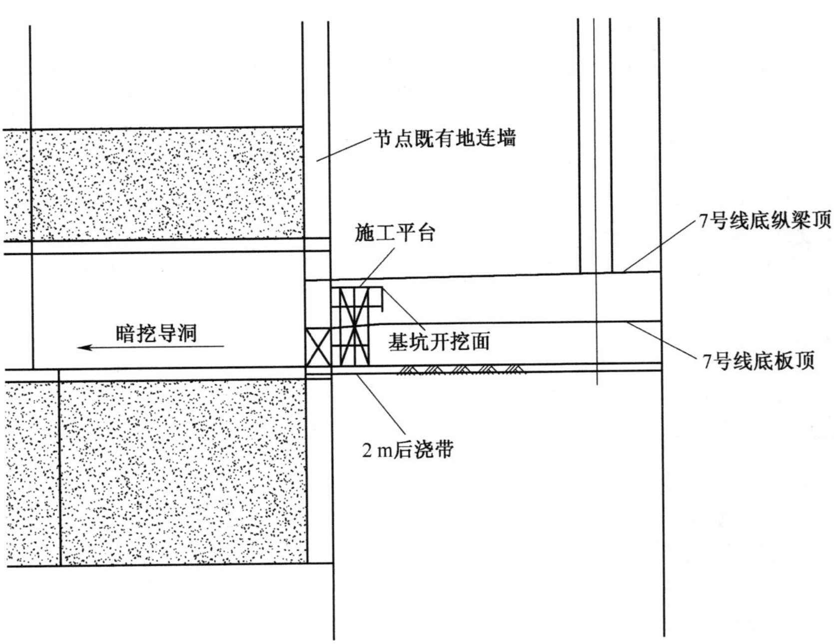

图 5. 2-30　大管棚施工平台搭设图

钻机采用水平地质钻机,开孔时低速低压,待成孔 1.0 m 后适当加压,在土质层中钻孔采用低压钻进。每钻完一孔便顶进一根钢花管。

③大管棚制作

大管棚前端 150 mm 长度封闭并制作成锥形,以便顺利插入已钻好的孔内,尾端焊接 ϕ10 钢筋加劲箍,防止施工时管棚尾端变形。大管棚管身打设 200 mm×200 mm 呈梅花形布置的 ϕ10 圆孔,具体加工如图 5.2-31 所示。

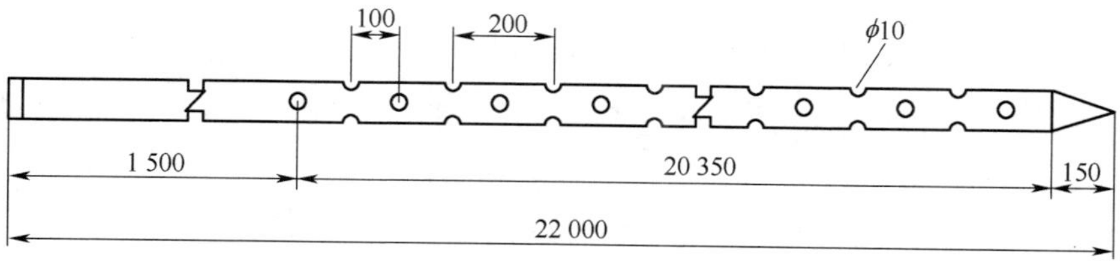

图 5.2-31　大管棚加工大样图(单位:mm)

(4)地连墙破除

大管棚施工完成后,对导洞施工区域地连墙进行破除。破除完成后,及时封闭掌子面。

(5)全断面注浆

待地连墙破除后,封闭掌子面,立即进行导洞开挖方向全断面注浆,注浆钻孔水平向按 0.8 m、环向按 1.2 m 均匀布置,根据注浆范围为开挖线外放 2 m、注浆段长为 7 m、单个注浆钻孔的作用范围为直径 2 m、在注浆管根部需形成 2 m 厚止浆墙以及钻孔作业要求,超前预注浆注浆孔长短结合并呈伞形辐射状布置,全断面径向注浆注浆孔按梅花形布置,具体布置如图 5.2-32 和图 5.2-33 所示。

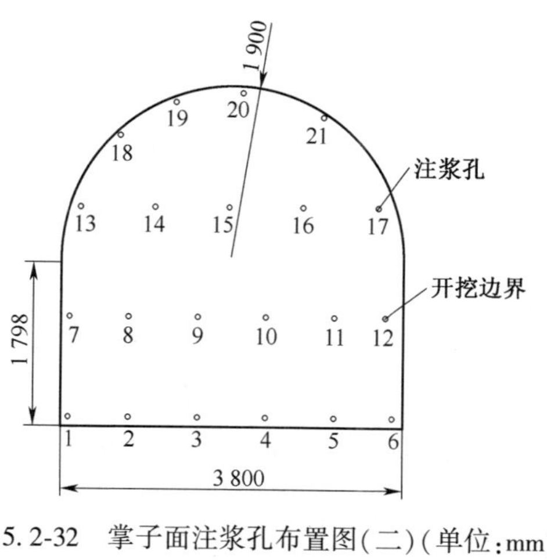

图 5.2-32　掌子面注浆孔布置图(二)(单位:mm)

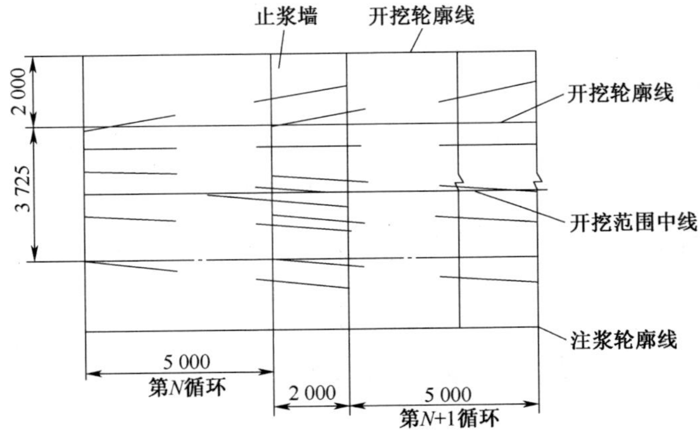

图 5. 2-33　注浆孔断面布置示意图(单位:mm)

在小导洞范围内有 3 号线已施工结构柱,导洞开挖至第 2、3 个全断面注浆循环时,打孔需注意避开,从导洞中心线向两侧避开,根据结构柱位置注浆孔避开后,布置图如图 5. 2-34 所示。具体注浆施工工艺及操作规程同顶角全断面注浆施工。

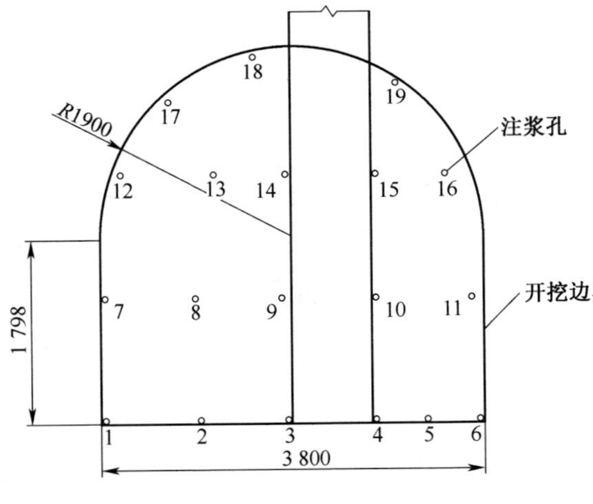

图 5. 2-34　注浆孔避让结构柱示意图(单位:mm)

(6)小导管施工

本节点小导洞采用的超前小导管为 $\phi42$、厚度 3. 5 mm 的无缝钢花管,拱顶布置,环距 0. 4 m,长 3 m,纵距 1. 5 m,管内压注水泥水玻璃双液浆,浆液配比以及注浆压力根据现场试验得出,小导管布置如图 5. 2-35 所示。超前小导管施工工艺流程如图 5. 2-36 所示。

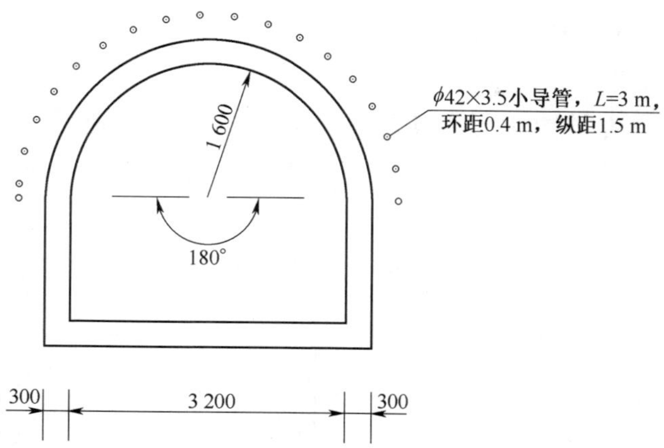

图 5.2-35　小导管示意图(单位:mm)

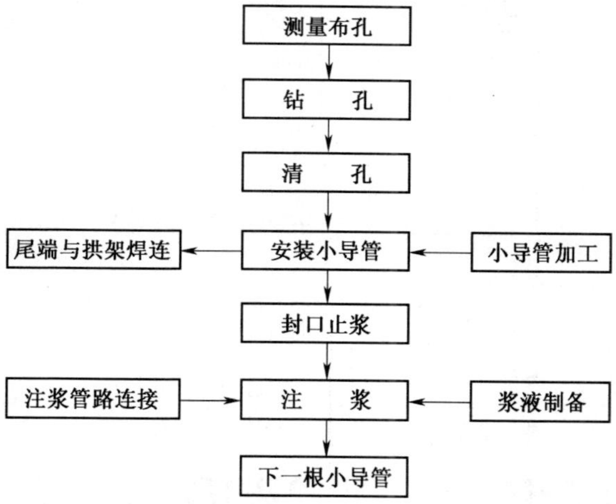

图 5.2-36　超前小导管施工工艺流程图

①小导管的制作。小导管采用 $\phi42$、厚度 3.5 mm 的无缝钢花管,提前进行加工,小导管前端封闭并制作成锥形,以便顺利插入已钻好的导管孔内,小导管尾端焊接 $\phi6.5$ 钢筋加劲箍,防止施工时小导管尾端变形,如图 5.2-37 所示。

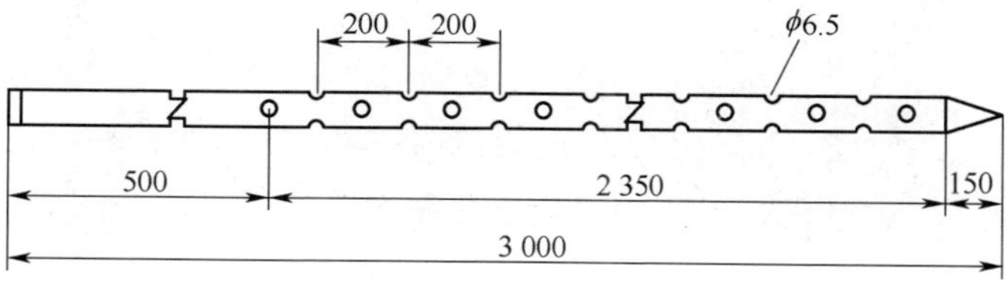

图 5.2-37　超前小导管加工图(单位:mm)

②注浆材料为水泥水玻璃双浆液。

③小导管注浆采用双液注浆法。

(7)开挖及支护

大管棚施工、地连墙破除、全断面注浆及小导管注浆完成后,开始小导洞土方开挖及支护施工,小导洞开挖尺寸:拱顶为 $R=1.9$ m 的半圆弧,下部为 1.825 m×3.6 m 的方形形状。

小导洞开挖断面如图 5.2-38 所示,施工现场如图 5.2-39 所示。

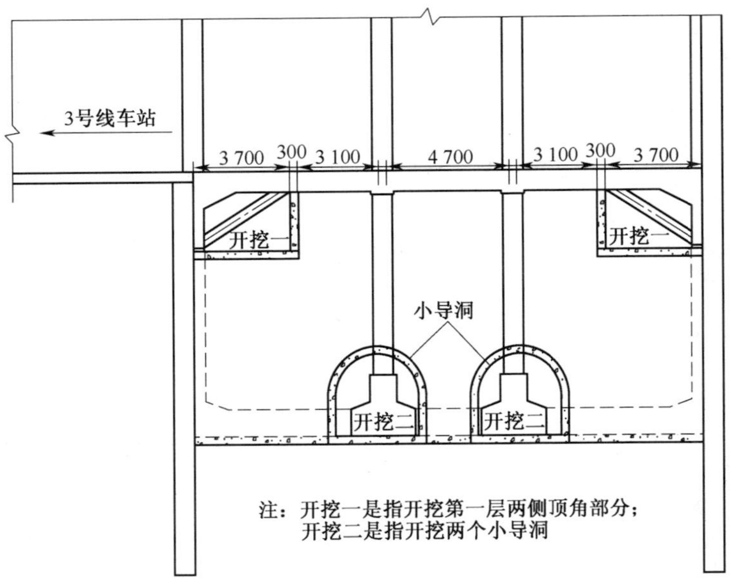

图 5.2-38　小导洞开挖断面图(单位:mm)

图 5.2-39　小导洞内底纵梁及底板施工现场

①开挖方法及步骤

根据地质情况反映，此区域东、西端均为全风化花岗岩，通过采取全断面注浆加固措施，开挖范围内的围岩有所改善，本导洞采用小型挖机配合人工开挖，局部采用风镐进行修理，单循环开挖土方约 12.56 m^3，渣土由小型挖机自带推板推至后浇带，由龙门吊吊出。

考虑断面尺寸大小，采用上下台阶法开挖，上台阶高度为 2 m，下台阶高度为 1.725 m，单循环进尺控制在 0.5 m，施工中随时观察渗漏水情况，始终贯彻“先止水、再开挖”的原则。上下台阶每开挖 5 m 后进行下一循环全断面注浆，方可继续开挖。

开挖过程中遵循“管超前、短进尺、强支护、早封闭、勤量测”的原则。台阶法是分成上、下两个台阶进行开挖，上台阶开挖后及时施作初期支护，下台阶开挖落后于上台阶 5 m 及时跟进。上台阶开挖进尺 5 m 后，封闭掌子面，待下台阶跟进至与上台阶齐平后同时封闭掌子面，开始下一循环全断面注浆。施工步骤见表 5.2。

表 5.2　小导洞开挖步骤

序　号	图　　示	施 工 步 骤
1	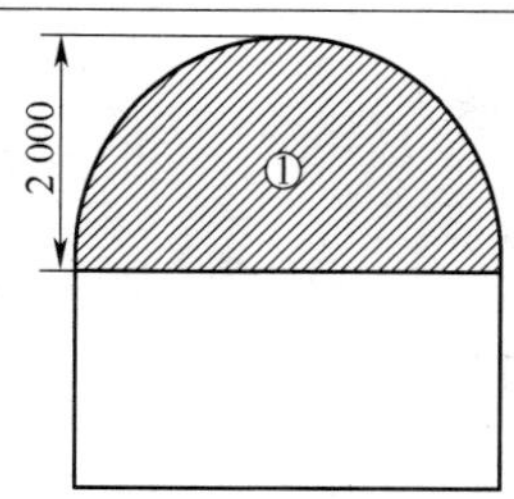	一、上台阶土体开挖支护 (1)用小型挖机配合人工，开挖①部土体。 (2)架设钢拱架、纵向联系筋并施工锁脚锚管及钢筋网片。 (3)挂网喷射 C25 混凝土
2	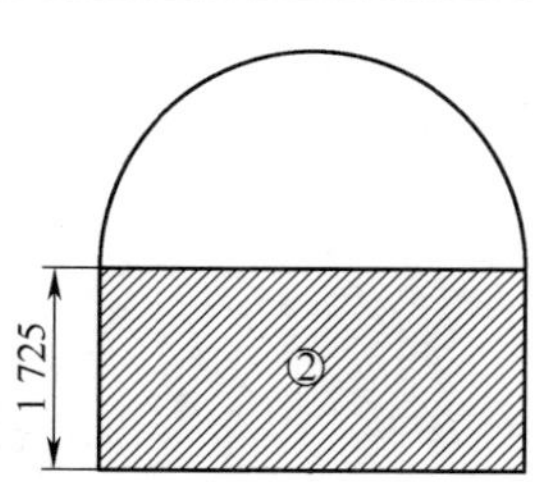	二、下台阶开挖支护 (1)上台阶进尺 5 m 时，进行②部土体开挖；上台阶不再施工，封闭掌子面。 (2)架设钢拱架、纵向联系筋、钢筋网。 (3)挂网喷射 C25 混凝土
3	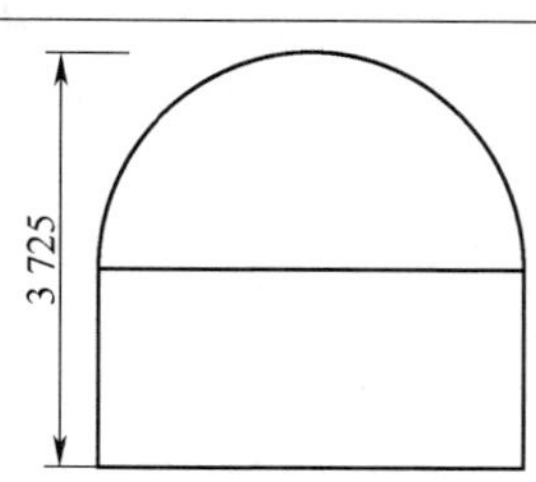	三、进行下一循环 下台阶进尺 5 m 后，与上台阶齐平，同时喷射 20 cm 厚混凝土封闭掌子面，开始下一循环全断面注浆

注：尺寸单位为 mm。

②临时支护

钢拱架施工工艺流程如图 5. 2-40 所示。钢拱架采用 25 号工字钢加工,构件均采用连接板和高强螺栓连接,连接板与工字钢焊接,焊缝高度不小于 10 mm。每榀间距 0. 5 m,在洞外分片加工,钢拱架加工后应放在水泥地面上试拼,如图 5. 2-41 所示。

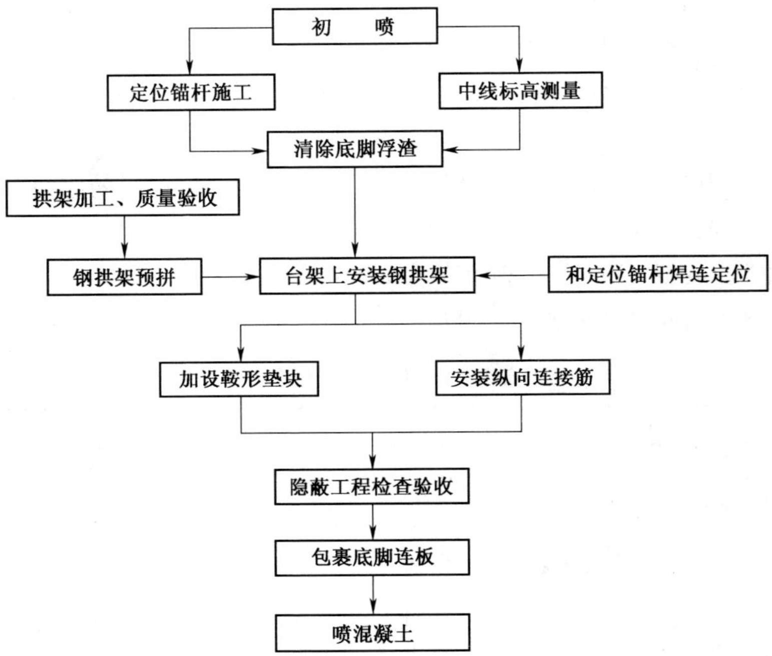

图 5. 2-40　钢拱架施工工艺流程图

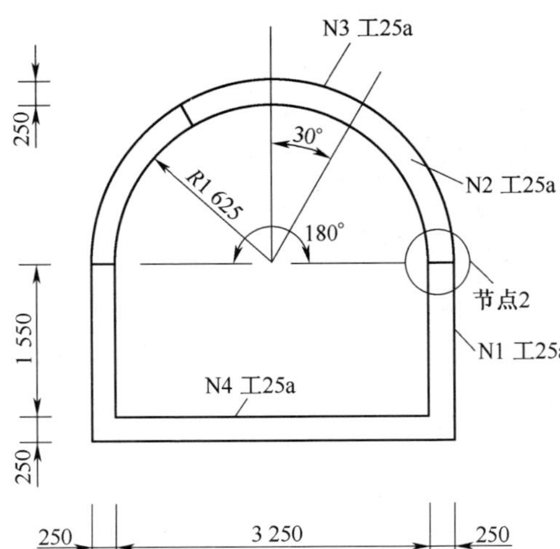

图 5. 2-41　型钢钢架拼装图(单位:mm)

洞内安装时,应使钢拱架与通道轴线垂直,最后焊接连接筋,使钢拱架成为一个整体。每榀钢拱架安装时,测量定位,不偏不斜,轮廓要符合设计要求,钢拱架采用冷弯加工,避免降低钢拱架强度及刚度。

小导洞施工时,为保证钢拱架整体受力,按设计要求设置纵向连接钢筋,钢拱架内外侧各一层,连接筋采用 $\phi22$ 钢筋,环向间距 1 m,连接筋长度 700 mm,搭接长度 200 mm,与钢拱架的连接点焊接牢固。

为减少初支下沉量,每榀钢拱架安装时均在底部设一"刚性托块",以增大受力面积,控制下沉量。

上台阶每榀钢拱架安装好后,在每个拱脚处设置两根锁脚锚杆,以限制初支下沉和防止初支向通道内收敛变形,锁脚锚杆采用 $\phi22$ 螺纹钢,$L=2$ m,其尾部与钢拱架焊接牢固。锚杆采用高压风吹孔,插管时用风镐顶入。

③钢筋网片及喷射混凝土施工

施工工艺参照顶角开挖及支护。

(8)小导洞底部土体加固

小导洞初支施工完成后,立即在导洞内对底板梁下的土体进行注浆加固处理,以提高地基承载力。加固范围为底板以下 5. 2 m,宽 13. 3 m,长 40. 2 m,总共需加固土体为 2 780 m^3。

按照小导洞全断面注浆循环进行,每 5 m 一段,注浆采用 $\phi42$、厚度 3. 5 mm 的无缝钢花管,长度 5 m 分两段,单段 2. 5 m,间距 1. 0 m×1. 0 m,梅花形布置,深度方向呈伞形辐射状布置,如图 5. 2-42 所示。

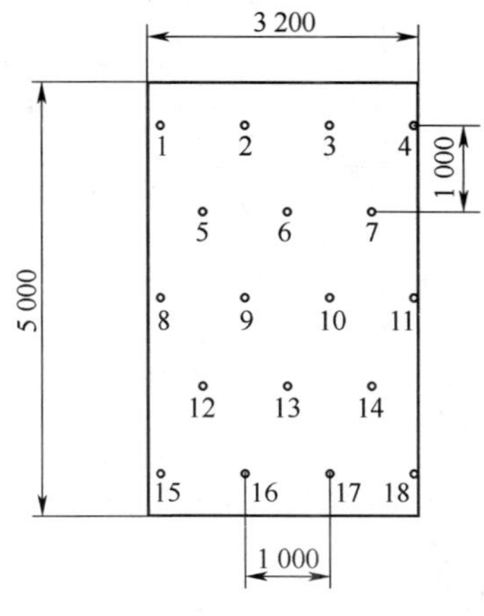

图 5. 2-42　小导洞底板加固孔位布置图(单位:mm)

注浆管前端封闭并制作成锥形,以便顺利插入已钻好的导管孔内,小导管尾

端焊接 ϕ6. 5 钢筋加劲箍，防止施工时导管尾端变形。具体加工形状参考小导管加工图，注浆参数及工艺方法参考小导管施工。

5. 2. 6　换乘节点负三层部分底板及底纵梁施工

石厦站换乘节点范围内，各施工区域树根桩施工完成后立即进行该区域底纵梁及底板混凝土施工，局部形成板、梁柱共同受力体系。

5. 2. 7　Z4、Z1 结构柱施工

（1）Z4、Z1 叠合柱共四根，其中两根位于 3 号线未施作连续墙位置。基坑开挖期间施工地下连续墙背后土体初支时，预留结构柱施工空间，如图 5. 2-43～图 5. 2-46 所示。

（2）剩余两根叠合柱在施工前需从上向下分层破除地下连续墙，每层破除高度 1 m、宽度 1 m，同步实施封闭连续墙施工。

（3）绑扎钢筋、立钢模，浇筑混凝土。

（4）在立柱外侧采用型钢作为模板支撑体系，型钢两端锚固在两侧地连墙上，如图 5. 2-47 所示。

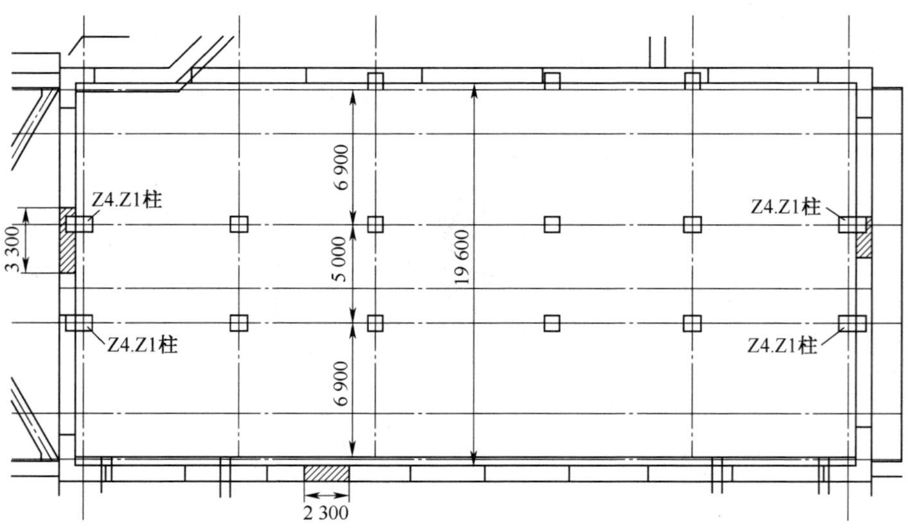

图 5. 2-43　Z4 和 Z1 结构柱平面位置示意图（单位：mm）

5. 2. 8　换乘节点第一层剩余土方开挖及支护

换乘节点第一层位于 3 号线负二层底板下，高 2. 5 m，宽 11. 8 m，总土方量

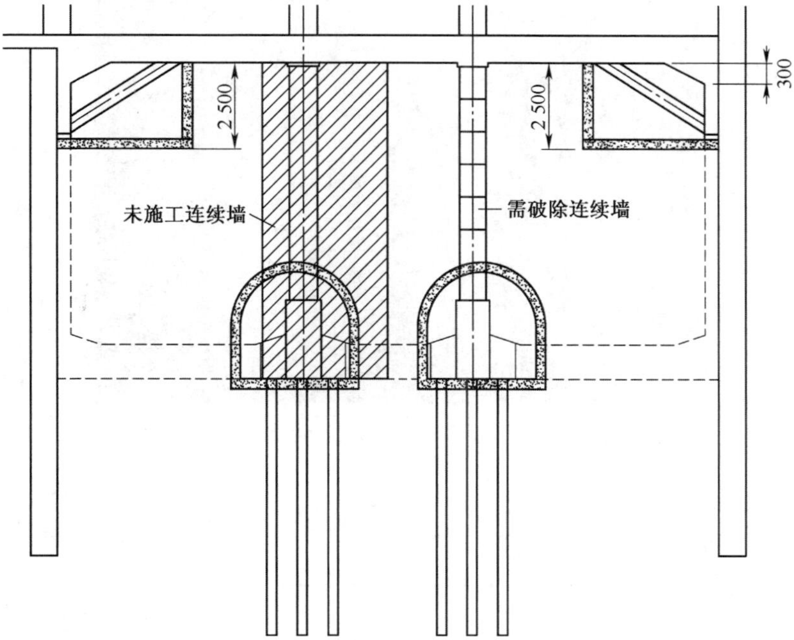

图 5. 2-44　Z4 和 Z1 结构柱立面位置示意图（单位:mm）

图 5. 2-45　人工挖孔桩施工现场

图 5. 2-46　小导洞洞口 Z1 和 Z4 柱施工现场

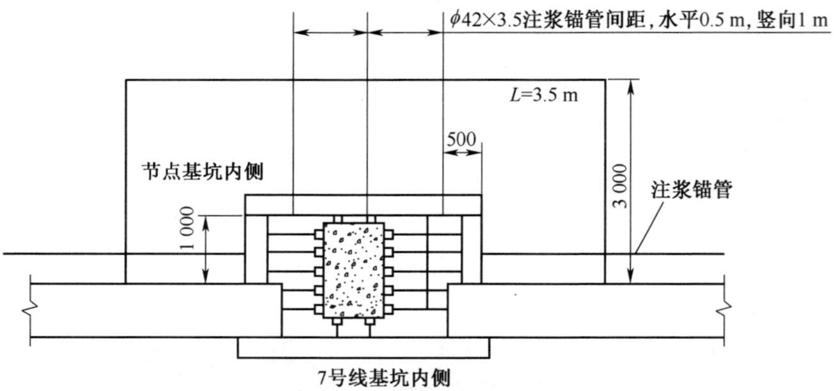

图 5. 2-47　Z4 和 Z1 结构柱模板支撑示意图（单位：mm）

约为 1 155 m^3，分为 3 个区域，宽度分别为 3. 4 m、5 m、3. 4 m，具体划分区域如图 5. 2-48 所示。

根据进度要求，换乘节点第一层开挖时，7 号线负二层中板已完成施工，所以换乘节点第一层施工时仅有 2 m 后浇带宽度，施工时必须从底板往上搭设施工平台。施工平台采用双排扣件式脚手架搭设，搭设平台断面如图 5. 2-49 和图 5. 2-50 所示。

1. 开挖

开挖按照由两边向中间的顺序，边挖边撑，中间土体开挖滞后两侧土体开挖一个开挖循环（5 m）。开挖及支护方法参照顶角开挖方法，具体开挖顺序如下：

第一步：开挖第一层（不含两侧顶角）两侧土体，如图 5. 2-51 所示的“开挖

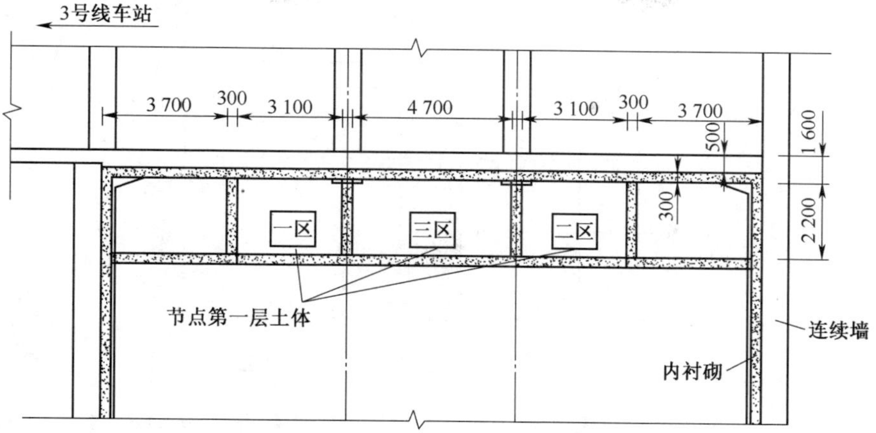

图 5.2-48　节点第一层土体区域划分图(单位:mm)

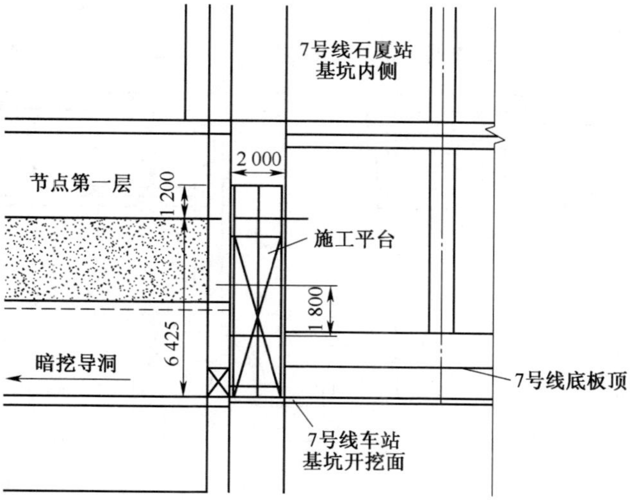

图 5.2-49　节点第一层施工平台搭设图(单位:mm)

三”,待此步支护完成一个开挖循环后,再进行下一步开挖。

第二步:开挖第一层(不含两侧顶角)中间土体,如图 5.2-52 所示的“开挖四”。

2. 出渣

由于节点下第一层开挖时,7 号线负二层板主体已经施工完成,仅留下 2 m 后浇带空间搭设工作平台,所以节点开挖过程中渣土无法直接转运至 7 号线基坑内吊走。根据现场实际情况,考虑直接采用吊斗放置在施工平台上,洞内开挖的土方通过小型挖机推至洞口,然后采用人工铲至吊斗内,最后由龙门吊吊走。

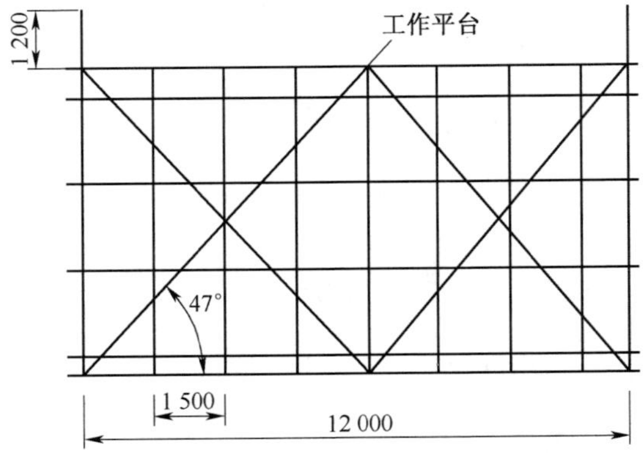

图 5.2-50　节点第一层施工平台搭设立面图(单位:mm)

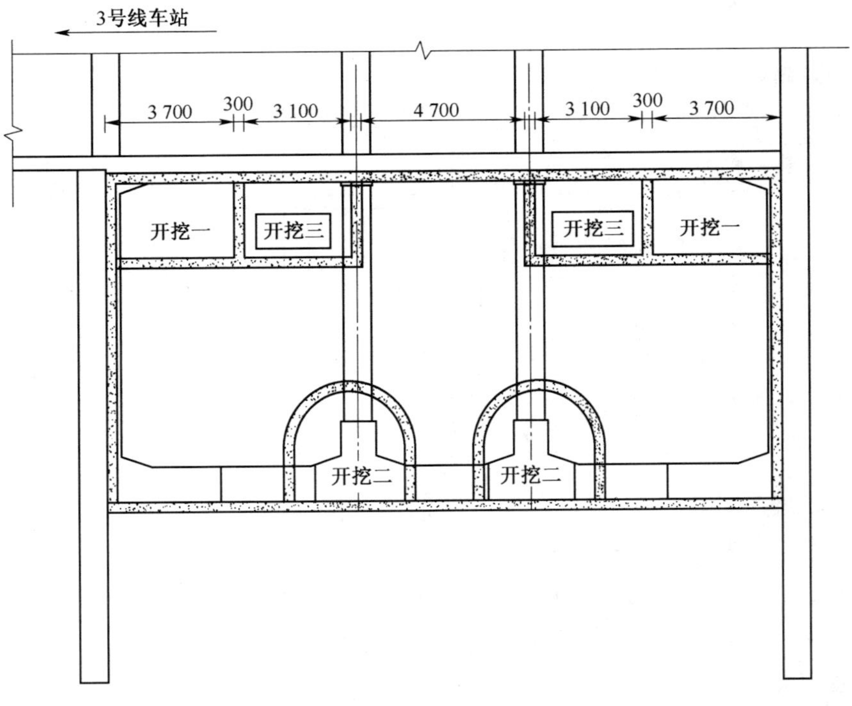

图 5.2-51　开挖第一层(不含两侧顶角)两侧土体(单位:mm)

5.2.9　新增电缆夹层板施工

换乘节点负三层结构净高 8.6 m,底板与负二层板中间增设电缆夹层板,板厚 400 mm,电缆夹层板与侧墙相交处设 900 mm×300 mm 腋角,电缆夹层板纵向东高西低,整体坡度为 0.2%。电缆夹层板将节点负三层分为上下两层,上层净

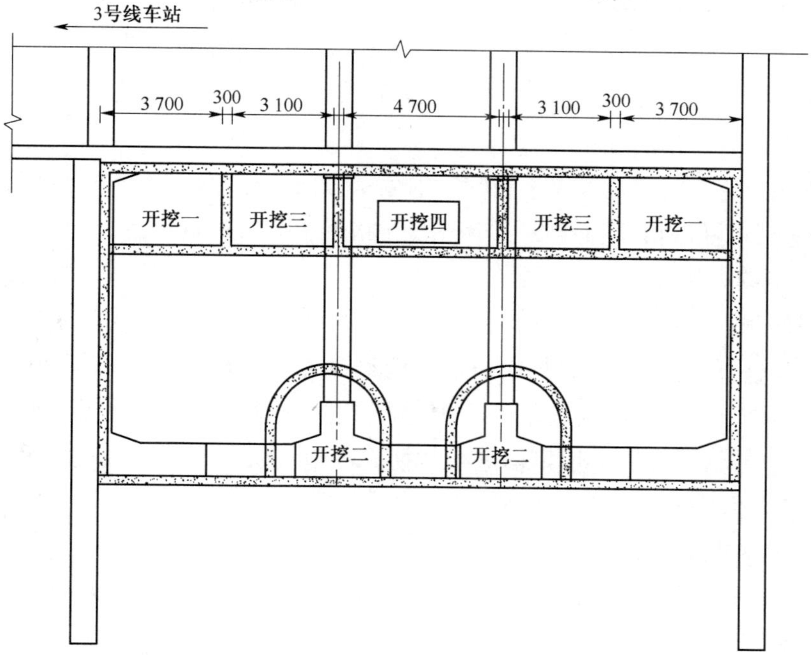

图 5. 2-52　开挖第一层(不含两侧顶角)中间土体(单位:mm)

高 1. 6 m,下层净高 6. 5 m,板顶距离负二层板底 1. 705 m/1. 205 m,电缆夹层板在节点第一层土方开挖完成后进行施工。新增电缆夹层板施工工艺流程如图 5. 2-53 所示。

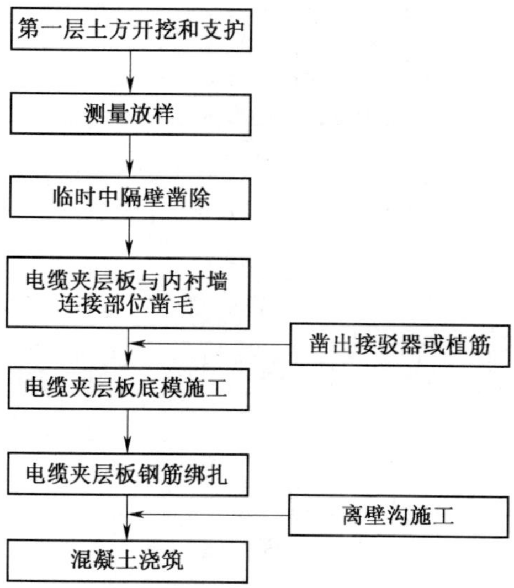

图 5. 2-53　新增电缆夹层板施工工艺流程图

1. 测量放样

第一层土方开挖及支护完成后,根据设计图纸测量定位电缆夹层板位置,用红色油漆标记在两侧内衬墙上,并对需凿除的临时隔壁进行标记。

2. 临时中隔壁凿除

采用风镐人工将电缆夹层板临时中隔壁分段凿除,并保留 50% 临时型钢立柱(隔一根拆除一根)。临时中隔墙凿除的混凝土块及时清理运走。

3. 电缆夹层板与内衬墙结合部位凿毛

根据测量定位,清除内衬墙混凝土表面浮浆、杂物,对电缆夹层板与内衬墙结合部位进行混凝土凿毛,将内衬墙预埋钢筋接驳器凿出(以钢筋接驳器出露混凝土面 2.5~3 cm 控制),清理及调整接驳器以满足电缆夹层板钢筋接驳要求。对失效的接驳器,采用植筋进行替换。电缆夹层板与中立柱连接采用植筋方式,连接部位施工前凿毛处理。

4. 电缆夹层板底模施工

电缆夹层底板支撑采用砖砌支撑上垫方木结构形式,如图 5.2-54~图 5.2-56 所示。新增电缆夹层板由于操作空间小,底模采用砖砌条形基础支撑,间距不大于 2 m,上垫 100 mm×100 mm 方木,间距 200 mm,面板采用 18 mm 厚竹胶板,钢钉与密铺方木固定。

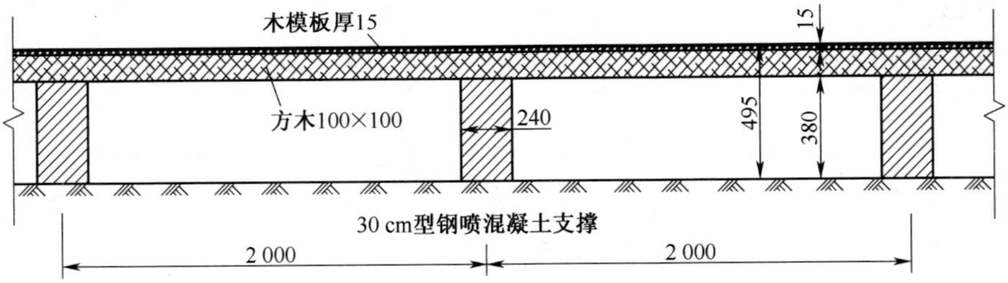

图 5.2-54　新增电缆夹层标准段底板支撑布置图(一)(单位:mm)

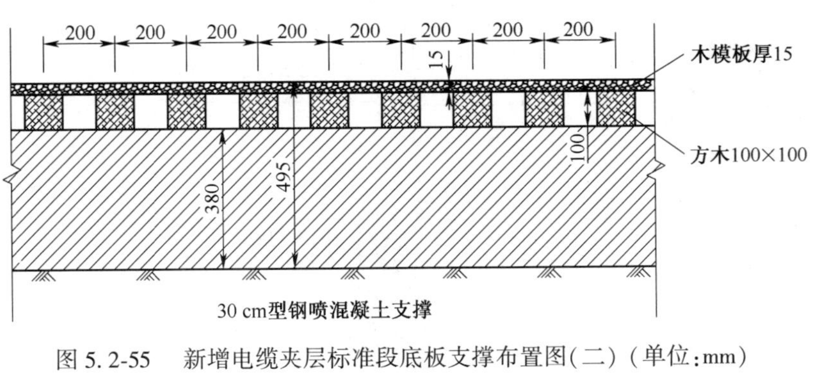

图 5.2-55　新增电缆夹层标准段底板支撑布置图(二)(单位:mm)

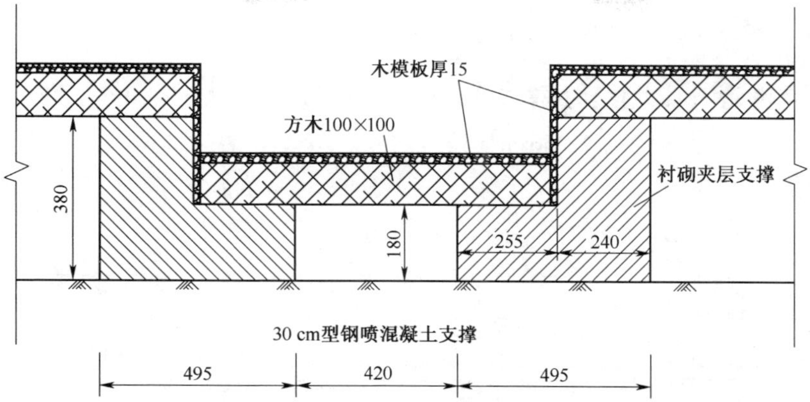

图 5.2-56　新增电缆夹层梁下底板支撑布置图（单位：mm）

施工时严格控制砖砌基础支撑顶面高程，拉线砂浆找平。根据夹层板暗梁布置调整砖砌基础支撑布置形式及顶面高程。

为方便后期拆除临时型钢立柱，底模铺设前，在型钢立柱外套 ϕ25 PVC 管保护隔离，采用底模开孔的方式浇筑夹层混凝土，待底板浇筑完成后拆除临时型钢支撑，孔洞采用微膨胀混凝土封堵。

5. 电缆夹层板钢筋绑扎

面板铺设完成后，绑扎电缆夹层板钢筋，钢筋采用焊接或机械连接，钢筋绑扎时对预留型钢立柱孔加强布筋。

6. 混凝土浇筑

电缆夹层板纵向分 3 次浇筑完成，东西两段 14.1 m，中间段 12 m，总长度 40.2 m，宽度 18.8 m，采用 C35 混凝土浇筑，混凝土浇筑采用泵送入仓。浇筑现场如图 5.2-57 所示。

图 5.2-57　电缆夹层板下部垫层浇筑现场照片

5.2.10　换乘节点南北侧墙开挖、支护

节点南北侧墙从上至下总共分为三层，高度分别为 2.5 m、2.3 m、2.2 m，宽为 4.5 m，总土方量约为 1 266 m^3，具体划分区域如图 5.2-58 所示。

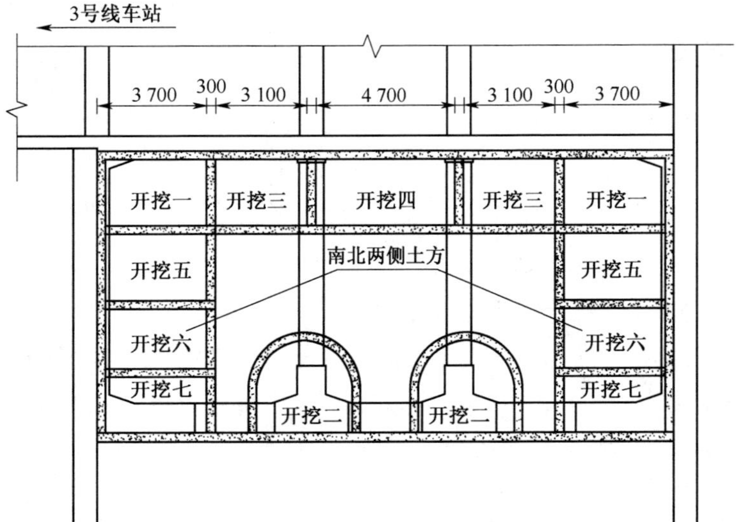

图 5.2-58　节点南北两侧土体区域划分图(单位：mm)

1. 开挖

开挖按照自上而下的顺序，边挖边撑，开挖及支护方法参照顶角开挖方法，具体开挖顺序如下：

第一步：开挖南北侧第二层土体，如图 5.2-59 所示的“开挖五”，竖向支撑与第一层竖向支撑连接牢固。

第二步：开挖南北侧第三层土体，如图 5.2-60 所示的“开挖六”，竖向支撑与第二层竖向支撑连接牢固。

第三步：开挖南北侧底层土体，如图 5.2-61 所示的“开挖七”，竖向支撑与第三层竖向支撑连接牢固。

2. 南侧未完成地连墙封闭

原 3 号线南侧有一幅地连墙未施工完成，仅施工至负二层板下 1 m 左右，墙宽 2.3 m，具体位置如图 5.2-62 和图 5.2-63 所示。

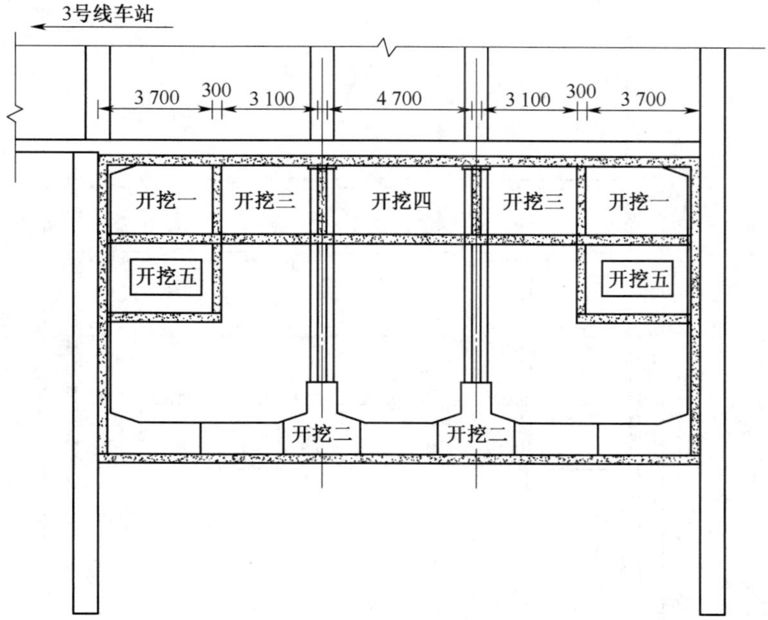

图 5. 2-59　开挖南北侧第二层土体(单位:mm)

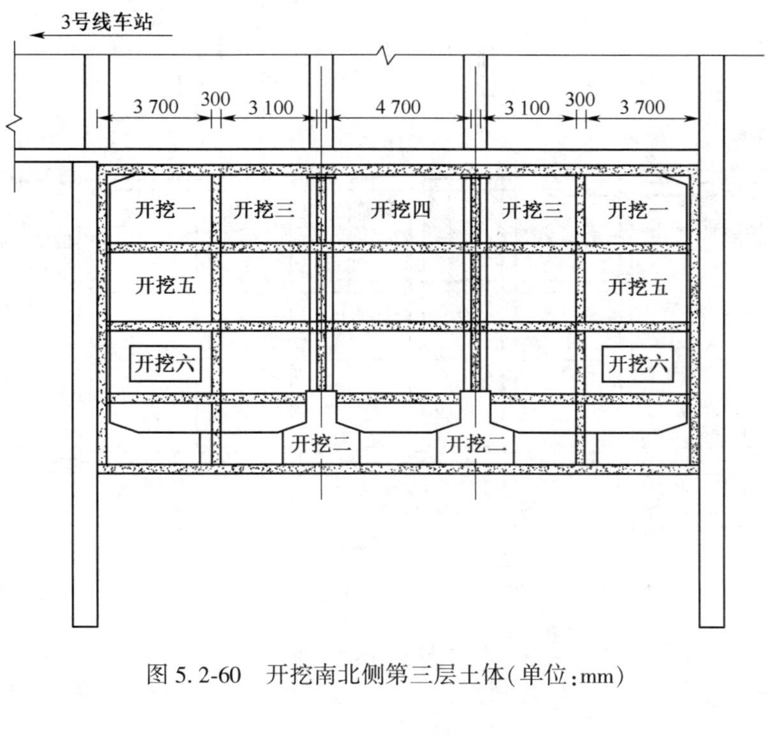

图 5. 2-60　开挖南北侧第三层土体(单位:mm)

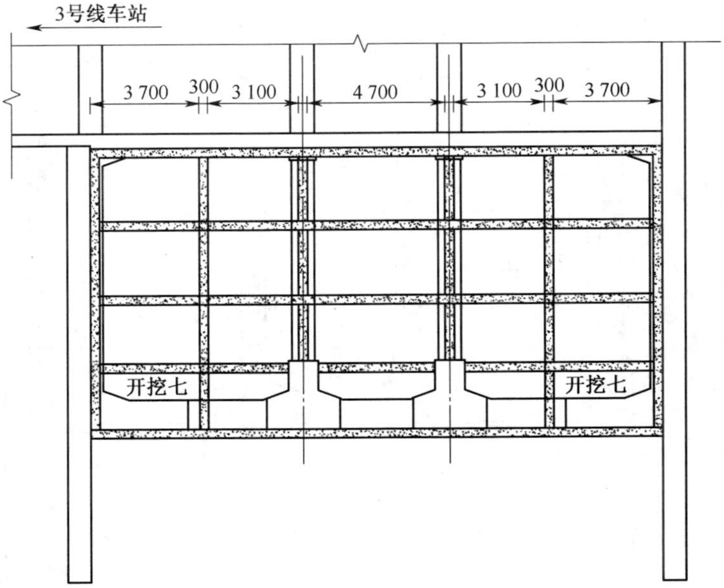

图 5. 2-61　开挖南北侧底层土体(单位:mm)

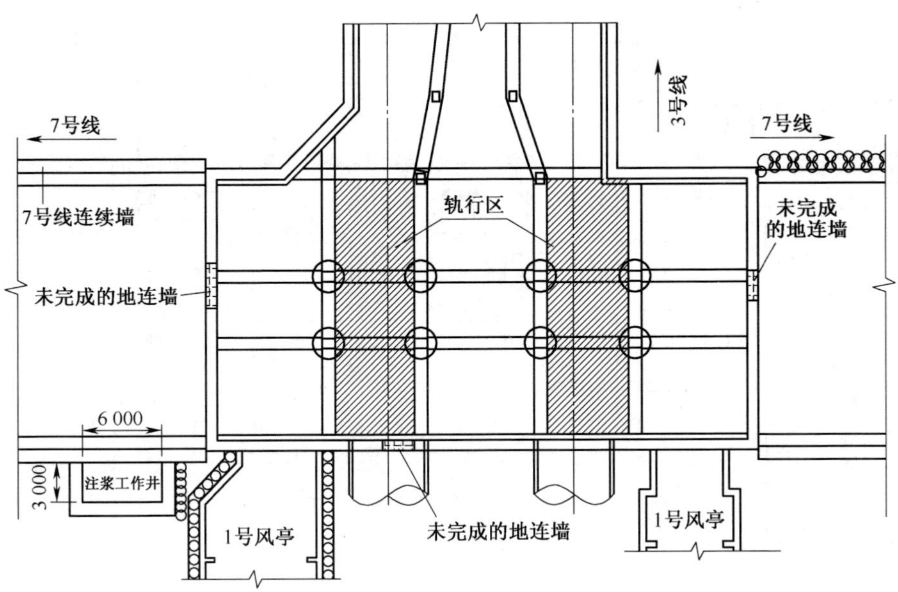

图 5. 2-62　未完成地连墙平面图(单位:mm)

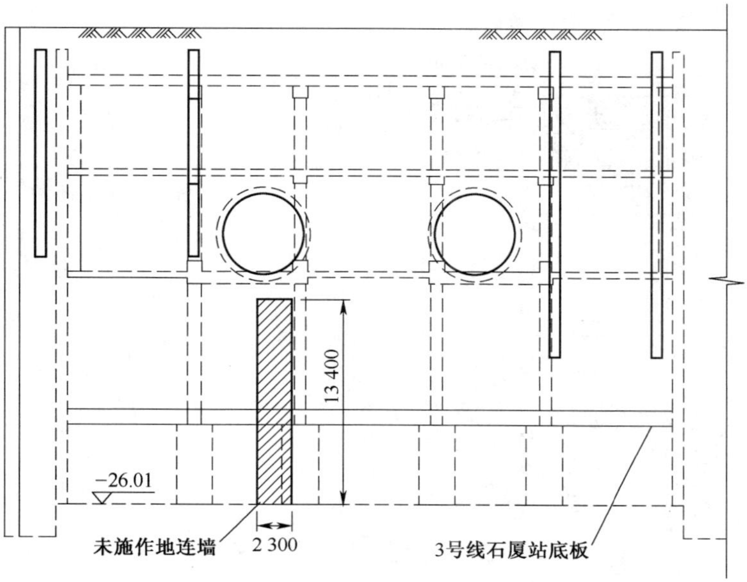

图 5. 2-63　未完成地连墙立面图(单位:mm)

根据设计,南侧未封闭地连墙需与 400 mm 厚内砌墙一起续接至负三层底板下 1 m,在施工续接内砌墙前,必须在南北侧土方开挖过程中对未施工完成地连墙进行初支封闭。初支措施为:采用工 25a 型钢,竖向间距 500 mm;纵向连接筋采用 ϕ22 钢筋,间距 500 mm,沿钢架内缘、外缘交错布置,与初支钢架可靠焊接,单面焊长度不小于 10d;铺挂双层 ϕ8@ 150×150 钢筋网;全断面打设 ϕ42×3. 5 注浆锚管,长度为 4. 5 m,水平、竖向间距分别为 0. 5 m、1 m;喷射 300 mm 厚 C25 混凝土。

(1)缺口部位土体开挖

在节点南侧土体 2、3、4 层分别开挖通过未施工地连墙缺口部位时,分别对其进行开挖支护。因缺口处已进行注浆,开挖南侧土体 2、3、4 层时,2. 3 m 缺口位置一侧掏槽分层开挖并完成支护。总共需挖除土方量约为 23. 276 m^3。

(2)缺口部位支护

缺口支护在开槽开挖完成一道后立即施工,紧随开挖进行,直至 2、3、4 层均开挖完成整体封闭,水平临时横撑与缺口型钢连接,具体支护方式如图 5. 2-64、图 5. 2-65 和图 5. 2-66 所示。

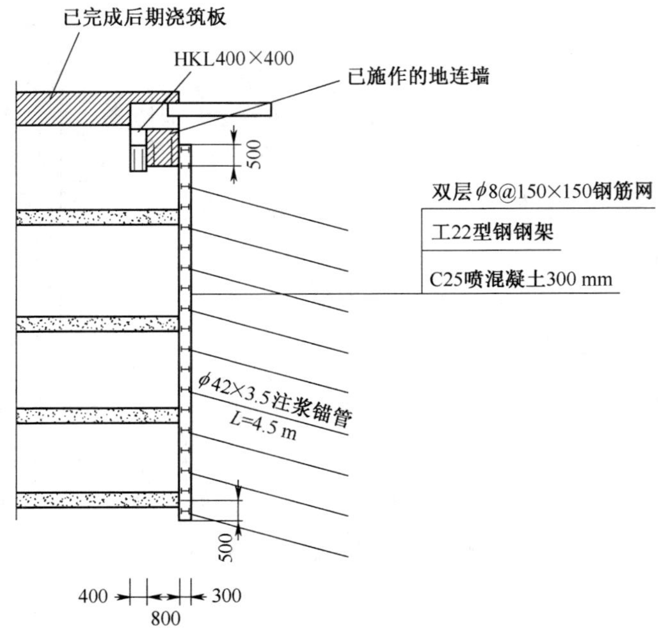

图 5.2-64　未完成地连墙支护图(单位:mm)

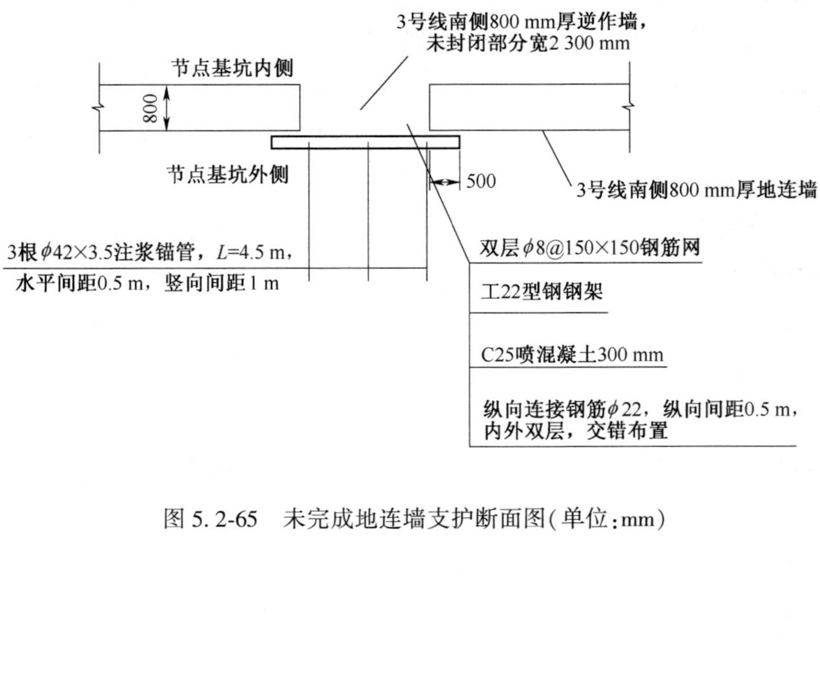

图 5.2-65　未完成地连墙支护断面图(单位:mm)

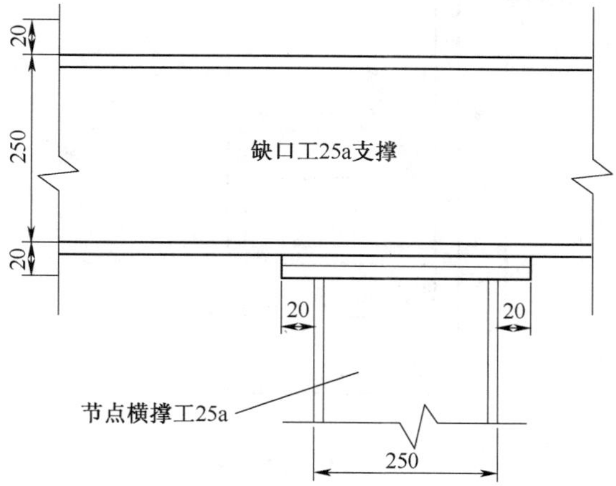

图 5. 2-66　横撑与缺口支撑连接图(单位:mm)

5. 2. 11　换乘节点内衬墙、部分底板及南侧地连墙缺口逆作法施工

换乘节点两侧第 2~4 层边导洞对称分层开挖过程中,自上而下逆作法续接两侧内衬墙(第二节和第三节内衬墙),第四节内衬墙与靠内衬墙 3. 3 m 范围内部分底板一起施作,两侧底板随两侧土体开挖自上而下分三节施作,逆作内衬墙第二节高 2. 5 m,第三节高 2. 3 m,第四节高 2. 329 m,第四节侧墙与节点负三层部分底板(距离连续墙 3. 3 m)一起施工。同时,在南侧地连墙缺口部位,随节点下挖,分段续作缺口处连续墙和内衬墙,地连墙与内衬墙形成叠合墙,叠合墙厚 1. 2 m。内衬墙施工时在墙内设置可控排水管,水排入轨道侧沟内,以减少侧墙外压水。

1. 逆作法续接内衬墙、连续墙施工

每层开挖完成后,续接上部内衬墙及防水(400 mm 厚)施工,内衬墙模板采用垂直支撑(选用 ϕ48、δ=3. 5 mm 的扣件式满堂脚手架支撑)。立杆顶端加可调顶托,以便调整模板高程。立杆间距一般为 0. 6 m×0. 6 m,横杆间距为 1. 2 m,剪刀撑间距为 2. 0~3. 0 m,扫地杆距离地面 0. 3 m,并预留出检查通道。模板采用 2 440 mm×1 220 mm 的竹胶板,厚度为 1. 8 cm,混凝土采用泵送混凝土。内衬墙模板支撑布置如图 5. 2-67 所示。

为保证下层内衬墙与上层内衬墙续接处混凝土浇筑密实,预先在上层混凝土浇筑前在底部预埋一根 ϕ200 的 PVC 管(图 5. 2-68),用于下层混凝土浇筑。同时预埋注浆管,注浆管位置如图 5. 2-69 所示。

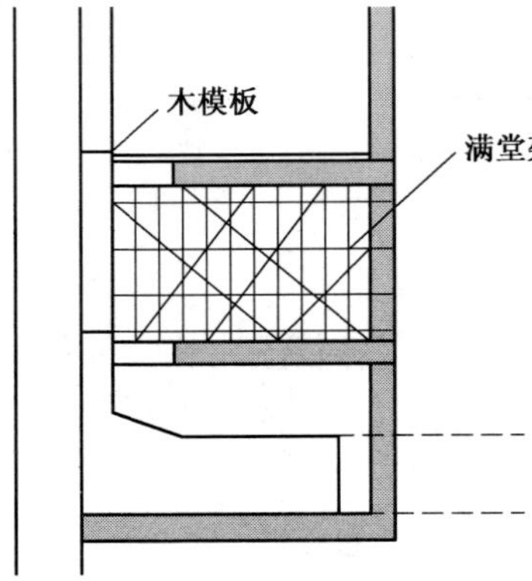

图 5. 2-67　内衬墙模板支撑布置图

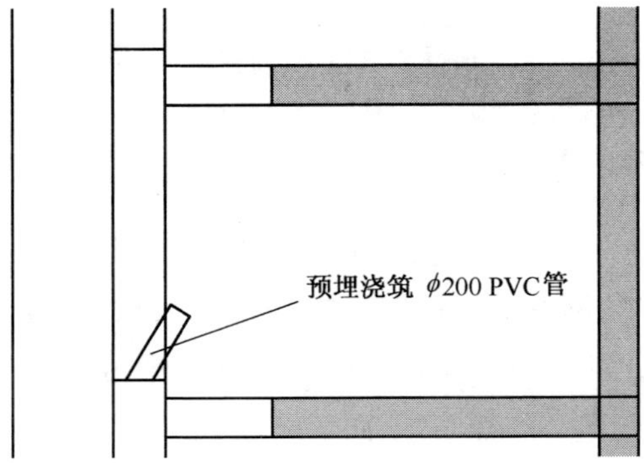

图 5. 2-68　预留内衬墙模板下料管示意图

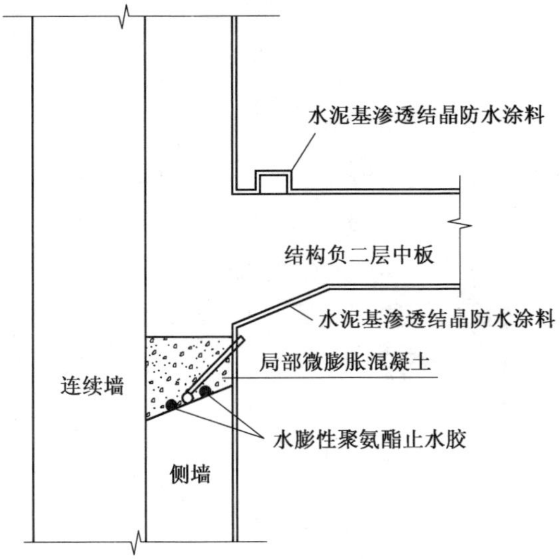

图 5. 2-69　内衬墙接缝处预埋注浆管示意图

开挖至南侧未封闭地连墙位置，支护完成后，需先施作未完成地连墙，最后未施作地连墙与400 mm厚内衬墙一起形成叠合结构（叠合后为1 200 mm），至底板下1 m。具体续接如图5.2-70所示。

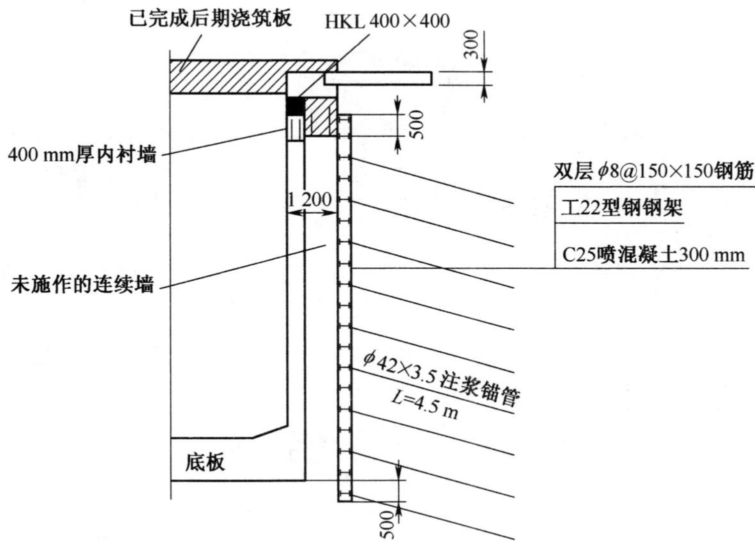

图5.2-70　南侧缺口处地连墙续接示意图（单位：mm）

2. 部分底板施工

最下层土体开挖完成后，施工部分底板，底板施工前做好地下水的封堵引排，底部的浮渣、垃圾、积水等清除干净，绑扎底板钢筋。底板及底板倒角位置采用定型钢模板，底板与内衬墙一起泵送浇筑混凝土。

底板采用C35、P10混凝土，主筋净保护层：迎土侧为50 mm，背土侧为40 mm。第三节伸至底板底后弯折18D，底板及内衬墙相交处腋角钢筋加密布置，底板底筋和面筋通过地连墙预留接驳器或植筋的形式锚入地连墙。

5.2.12　换乘节点中部土体开挖及支护

节点中部土体从上至下总共分为三层，高度分别为2.5 m、2.3 m、2.2 m，总宽为23 m，总土方量约为6 472 m^3，具体划分区域如图5.2-71所示。

开挖按照自上而下的顺序，边挖边撑，开挖及支护方法参照顶角开挖方法，具体开挖顺序如下：

第一步：开挖中部第二层土体两侧，如图5.2-72所示的“开挖八”，及时续接竖向及横向支撑，使其连接牢固。

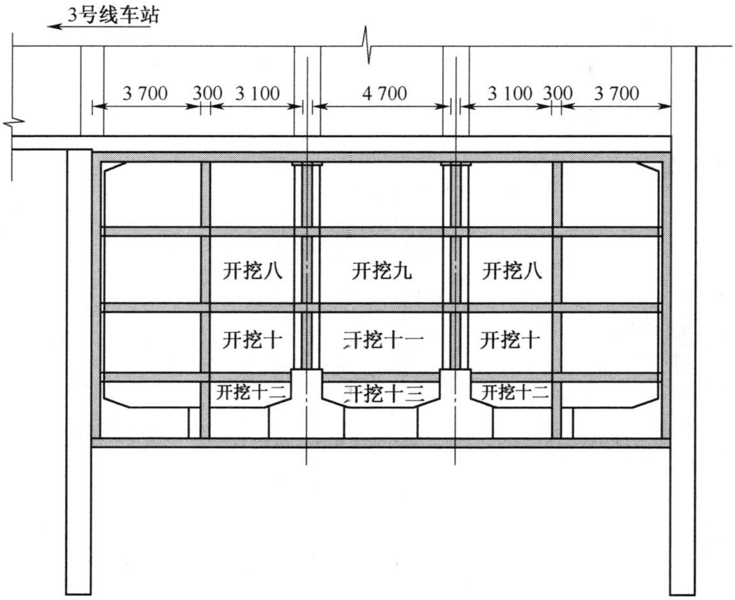

图 5. 2-71　节点中部土体区域划分图(单位:mm)

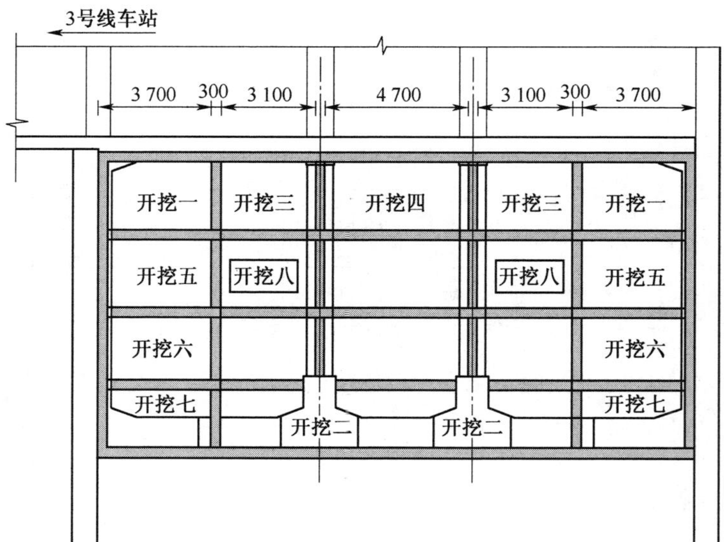

图 5. 2-72　开挖中部第二层土体两侧(单位:mm)

第二步:开挖中部第二层土体中间部分,如图 5. 2-73 所示的“开挖九”,及时续接横向支撑,使其连接牢固。

第三步:开挖中部第三层土体两侧,如图 5. 2-74 所示的“开挖十”,开挖过程

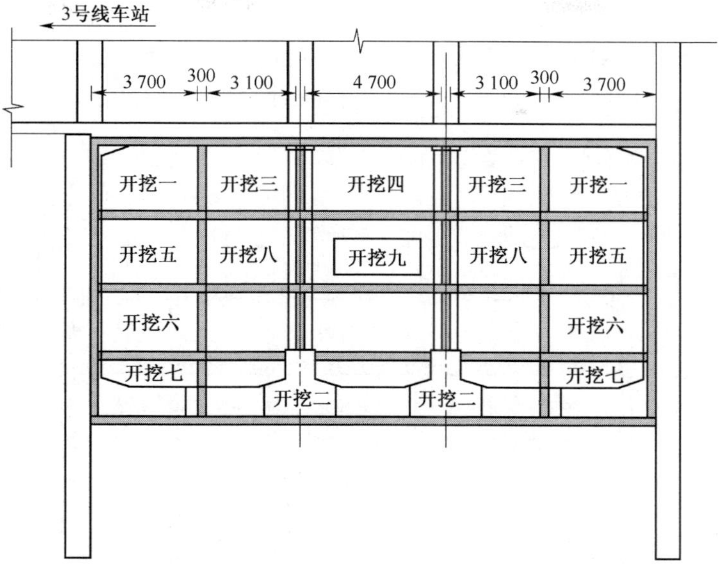

图 5.2-73　开挖中部第二层土体中间部分(单位:mm)

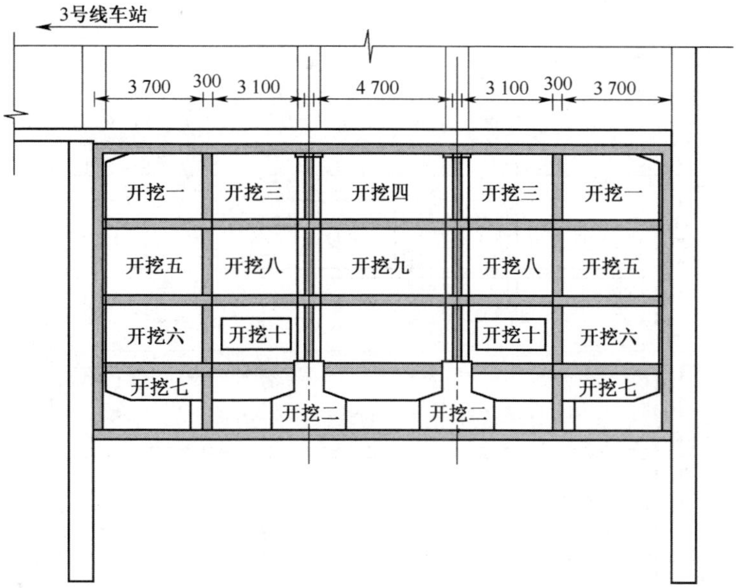

图 5.2-74　开挖中部第三层土体两侧(单位:mm)

中先挖除小导洞上部土方及割除管棚和小导管,最后破除断面范围内的小导洞网喷混凝土,根据竖向及横向支撑与小导洞型钢拱架的位置关系,适时割除断面范围内的拱架:如果两者位置错开,则先架设横竖支撑再进行割除;如果位置冲突,则先在导洞内架设临时钢管竖撑,以支撑拱顶部位,待第三道竖撑架设好后拆除导洞内临时竖撑,安装横撑并与两侧及时续接牢固。

第四步：开挖中部第三层土体中间部分，如图 5. 2-75 所示的“开挖十一”，开挖过程中先挖除小导洞上部土方及割除管棚和小导管，最后破除断面范围内的小导洞初支以及安装横撑并与两侧及时续接牢固。

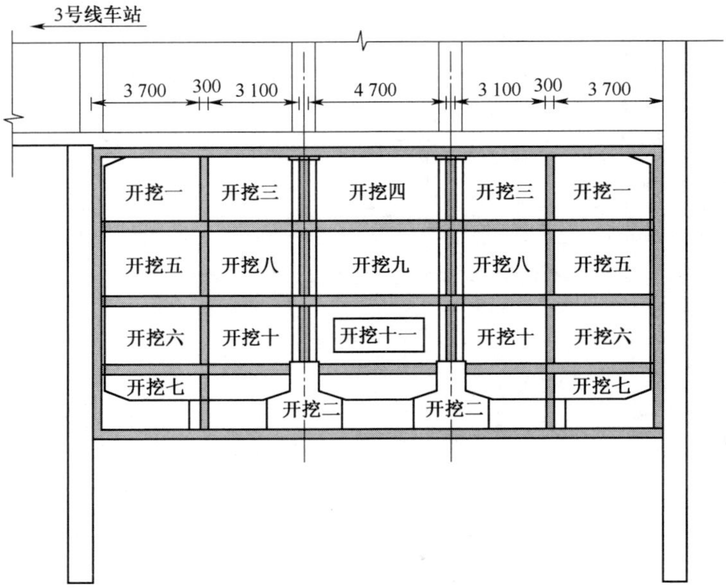

图 5. 2-75　开挖中部第三层土体中间部分(单位：mm)

第五步：开挖中部第四层土体部分，如图 5. 2-76 所示的“开挖十二”“开挖十

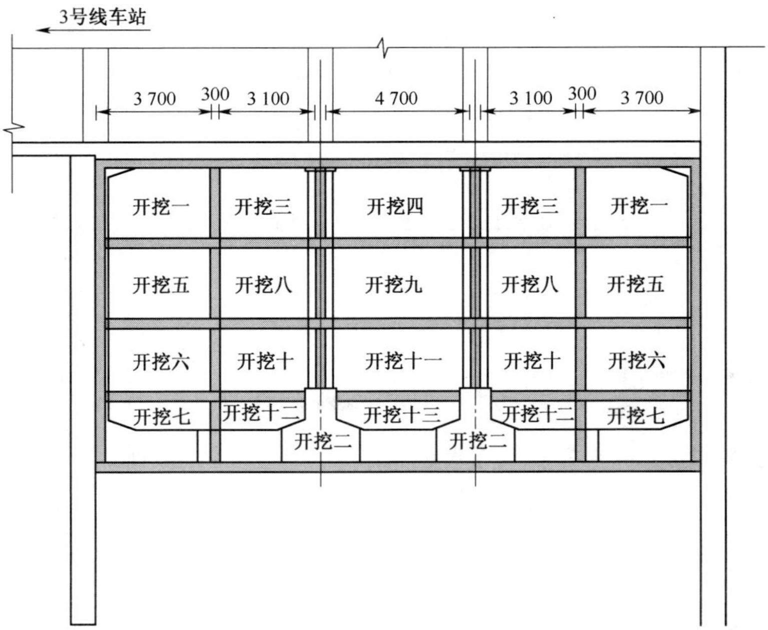

图 5. 2-76　开挖中部第四层土体部分(单位：mm)

三”,开挖过程中先挖除小导洞侧墙边土方,最后破除断面范围内的小导洞初支以及安装横撑并与两侧及时续接牢固。

5.2.13　换乘节点剩余底板施工

换乘节点中部土体开挖分三层开挖到底后,先施工中部部分底板,连接底纵梁下底板,然后分段凿除临时中隔壁,施工剩余底板,连通两边结构,底板混凝土强度达到设计要求后,拆除剩余型钢支撑及斜撑,如图5.2-77所示。

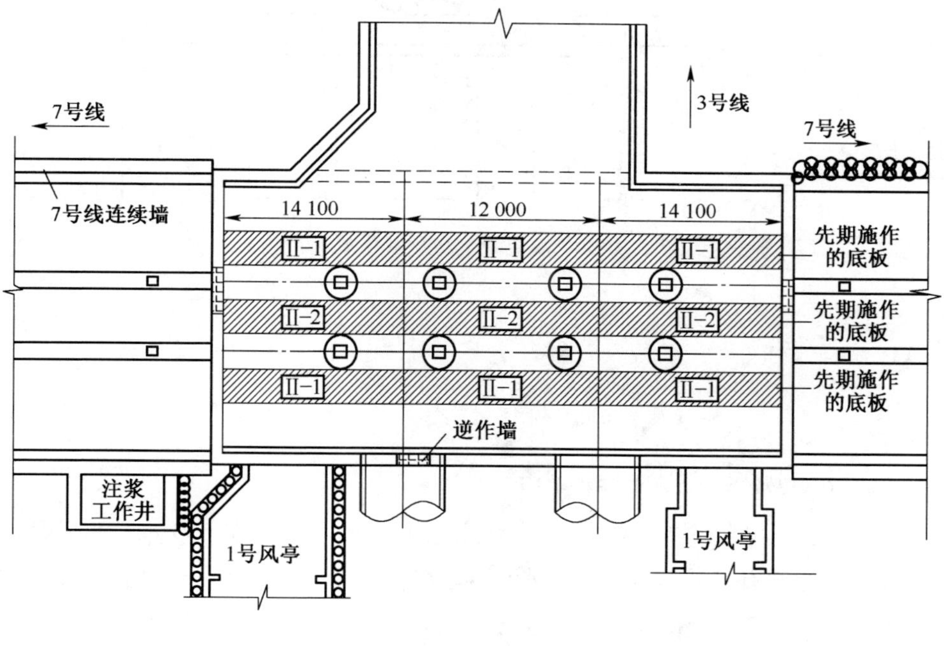

图5.2-77　换乘节点底板施工分段示意图(单位:mm)

剩余底板由先期施工底板横向分隔为3块,宽度分别为2.7 m、3 m、2.7 m,为3条厚1 m、长40.2 m的条状板带,每条板带纵向分3段施工,共分9块浇筑。

5.2.14　侧墙浇筑

拆除钢管支撑,浇筑剩余侧墙混凝土,浇筑高度6 329 mm,如图5.2-78所示。

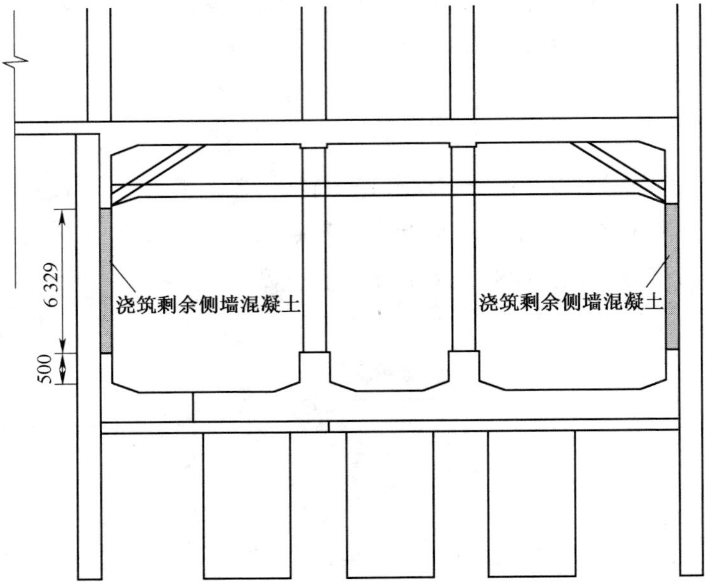

图 5.2-78　剩余侧墙混凝土浇筑示意图（单位：mm）

5.3　拓建要点

1. 土方开挖

(1)角洞及第一层土方开挖

角洞及第一层土方开挖，既有线路原施工底板下方存在 500 mm 厚临时板面，由于处在既有运营线路下，为保证运营线路安全，无法使用大型机械设备开挖，临时板及回填素混凝土对第一层土方开挖造成极大影响，使得角洞及第一层土方开挖时间超出原计划时间的 2 倍，对换乘节点整体施工进度造成极大影响。

总结角洞及第一层土方开挖过程中的教训，对于遗留工程部位的施工，提前与设计单位对接，尽可能多地掌握遗留工程的现状信息，并根据所得到的现状信息及时作出施工计划及方案的调整，减少对整体施工计划的影响。

(2)剩余土方开挖、外运

换乘节点内开挖方案优化后，出土量较优化前方案明显增加，施工这一过程时，两侧主体结构已封顶，原预留后浇带位置现场实际情况只有 1.2 m 宽，后浇带位置板面预留钢筋密布，无法满足土方外运及材料运输通道的要求。为保证后期节点施工能满足进度要求，在靠近节点部位主体结构板面预留吊物孔。

预留吊物孔在节点内土方开挖过程中起至关重要的作用，作为材料运输、土方外运的重要通道,吊物孔保证了节点内的施工得以正常有序的进行。在换乘节点施工过程中,为保证施工顺利进行,采取了很多施工措施,如角洞施工搭设钢平台、导洞施工搭设门洞等,这些施工措施虽然增加了部分工程量,占用了部分施工时间,但对于工程的顺利进行起到不可或缺的作用。

2. 注浆止水及注浆加固

(1)全断面注浆

全断面注浆主要包含于角洞及导洞的开挖过程中。全断面注浆主要起到对开挖下一循环土体止水的效果。在现场实际施工过程中,由于换乘节点上方为既有3号线运营轨行区,既有线路底板与地连墙采用植筋连接,东西两侧未做二衬结构,轨行区监测变化非常敏感,能否控制好注浆压力、注浆量至关重要。角洞早期施工中,全断面注浆出现浆液顺地连墙与土体缝隙位置流入既有线设备层情况,对既有线运营造成影响。后续全断面注浆施工过程中,对注浆压力进行严格控制,及时联系并通知轨行区监测单位,增加监测数据报告频率,发生沉降及时通知,并在注浆时段进入既有3号线内进行观察,避免对运营线路造成影响。

(2)导洞管棚施工

导洞开挖前,首先在洞顶位置打设双向大管棚,并在管棚内进行注浆。导洞开挖过程中,使管棚对上部土体起到一定支顶作用。由于现场场地有限,管棚施工无法使用大型机械设备,因此早期管棚施工十分缓慢。由于节点内土体含水率较大,打孔后及时下管,尽量缩短施工时间间隙,避免造成塌孔。管棚打设过程中,由于场地有限,无法满足单根整长管棚一次性打入成孔内的要求,每根管棚需进行3~4次对接,现场对接过程中未能有效保证管棚对接顺直,部分管棚对后续导洞开挖造成不利影响。

管棚注浆施工时,早期对管棚注浆孔位封堵不到位,导致浆液无法达到设计压力就出现跑浆、漏浆现象。经过现场实际观察,多次试验,采取注浆前就对所注浆孔位及其他打设完毕孔位进行封堵的措施,并自制注浆管接口、阀门。在注浆孔位封堵时预留排气孔。注浆过程中,当预留排气孔位开始向外反浆一定时间后,将排气孔封死再继续注浆,直到注浆达到设计要求。管棚施工为期一个半月时间,在施工条件差、场地有限、资源有限的情况下,前期施工进展缓慢,通过不断地摸索与尝试,最终确定了适合换乘节点施工环境的方法,并在导洞开挖过程中验证了管棚施工所起到的积极作用。

3. 节点内结构施工

换乘节点侧墙为叠合墙结构,围护结构地连墙于衬墙早期施工完毕,老墙体预留胡子筋,新浇筑衬墙与地连墙通过凿毛地连墙及预留胡子筋有效连接。既有线地连墙先于衬墙施工完成很长时间,自身早已完成形变,对于新浇筑衬墙的质量影响很大。由于节点内结构随开挖面平行施工,结构中所产生的新老施工缝较多,结构分块分段较复杂,这些都对结构的整体性造成不利影响。作为遗留的补强施工工程,将支离破碎的结构进行优质的连接是节点内结构施工的重点工作。角洞内第一节内衬墙增设倒角,与原有3号线底板进行有效连接,此位置的新老施工缝尤为关键。3号线底板与地连墙相接部位存在部分渗漏水现象,此处原有3号线底板处未预留止水抗渗措施,在施工新的结构时,不仅需要在结构方面与原有结构进行有效连接,同时在无法避免的新老施工缝处要重视止水措施。

节点内底板尤其体现出结构的支离,分段数量巨大,侧面反映出换乘节点的施工情况复杂,施工受各方面影响较大。在施工节点底板过程中,首先保证主要受力部位浇筑完整性,底板纵梁与结构柱之间浇筑相对完整,施工缝留置较合理,对起到主要承重及连接作用的结构柱、纵梁优先考虑,保证受力构件的整体性。

4. 节点内堵漏

节点内渗漏水主要原因分析:换乘节点为前期遗留工程,结构施工采用半逆作法,侧墙结构为叠合墙结构,新老墙之间无柔性防水层,新施工内衬墙结构自防水是侧墙防水的主要措施。结构随开挖步骤平行施工,节点内结构间施工缝较多,并主要靠混凝土自防水为主要防水措施。原有地连墙渗漏水较为严重,无法在地连墙不漏水的前提下施工衬墙。与既有线路连接部位新老混凝土结构产生的施工缝存在漏水问题。

混凝土结构不可避免地存在裂隙与施工缝,在结构上考虑叠合墙结构渗漏主要由于内衬墙收缩裂缝渗漏及施工缝渗漏。由于地连墙先于内衬墙过早时间完成,其自身形变过程已完成,因此地连墙对新浇筑内衬墙的收缩变形具有极大的约束作用,使内衬墙产生拉应力,从而造成内衬墙墙体开裂,形成渗漏点。

换乘节点最难处理位置为侧墙与既有线底板的水平施工缝,原3号线底板位置未设置止水带,衬墙顶部位置混凝土又难以填充密实,此处容易形成渗漏水。

5.4 本章小结

(1)在研究“拓建”工艺流程的基础上,提出了城市轨道交通运营地下车站拓建技术施工顺序如下:

①南侧地连墙缺口注浆止水施工;

②东西侧地连墙缺口注浆封闭；

③换乘节点顶角开挖及支护；

④小导洞注浆加固、开挖及支护；

⑤换乘节点负三层部分底板及底纵梁施工；

⑥结构柱施工；

⑦换乘节点第一层剩余土方开挖及支护；

⑧新增电缆夹层施工；

⑨换乘节点南北侧墙开挖、支护；

⑩换乘节点内衬墙、部分底板及南侧地连墙缺口逆作法施工；

⑪换乘节点中部土体开挖及支护；

⑫换乘节点剩余底板施工；

⑬侧墙浇筑。

(2)针对角洞及第一层土方开挖、剩余土方开挖、全断面注浆、导洞管棚施工、节点内结构施工和节点内堵漏，提出了施工要点。

(3)建立了城市轨道交通运营地下车站拓建关键技术，解决了全断面注浆效果、开挖支护、狭小空间内施工组织、结构受力体系转换时各道工序间的衔接及工期保证等施工过程中的关键难题，形成了“运营线路地铁车站换乘节点逆作施工工法”，成功保证了开挖过程中3号线的运营安全。

第 6 章　地下车站拓建施工过程力学分析

6.1　模型建立

根据岩土工程勘察报告,选取土层及基坑结构的力学参数见表 6.1。采用有限元分析软件 ABAQUS 建立换乘节点开挖模型,为减少边界约束效应,计算范围按基坑开挖深度的 3 倍取值,底部边界按基坑开挖深度的 2 倍确定。地下车站拓建施工过程力学分析断面如图 6.1-1 所示,地层分层如图 6.1-2 所示。模型大小为 320 m×200 m×60 m,建立的模型如图 6.1-3 ~ 图 6.1-6 所示。

表 6.1　土层及基坑结构力学参数表

项目＼参数	密度(kg/m³)	弹性模量(GPa)	泊松比	黏聚力(kPa)	摩擦角(°)
钢筋混凝土	2 400	30	0.2	—	—
素填土	1 800	0.015	0.28	22	24.2
砾质黏土	1 790	0.02	0.33	27.3	22.1
全风化花岗岩	1 810	0.02	0.35	31.8	24.2
强风化花岗岩	1 890	0.03	0.25	26.4	29.6
中风化花岗岩	2 200	0.8	0.24	80	38
微风化花岗岩	2 450	10	0.22	120	42
钢支撑	7 800	210	0.3	—	—

模型四周和下部边界均施加法向约束,上表面为自由边界。土体采用实体单元模拟,地下连续墙采用实体模拟,抗拔桩采用实体单元模拟。基坑开挖和连续墙施作采用 Model Change,Remove 和 Add 生死单元。围护墙和土体之间均采用摩擦接触和 Tie 方式接触。抗拔桩与土体采用摩擦接触,轴力和弯矩采用 Free Body Cut 输出弯矩值和轴力值。

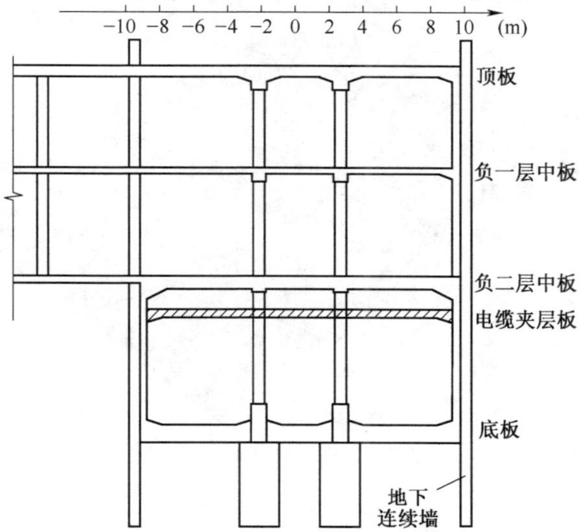

图 6. 1-1　分析断面

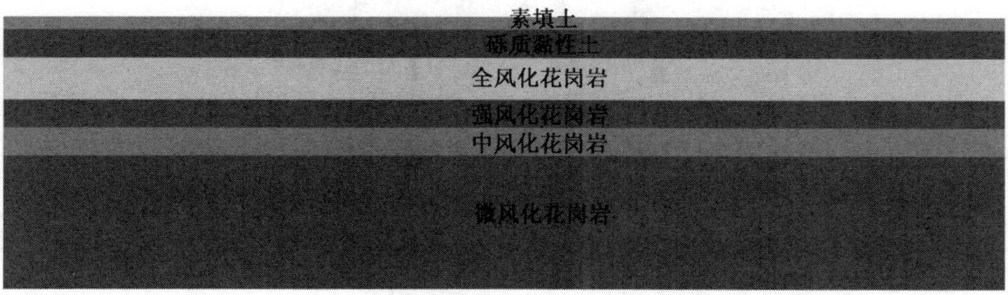

图 6. 1-2　车站地层分布

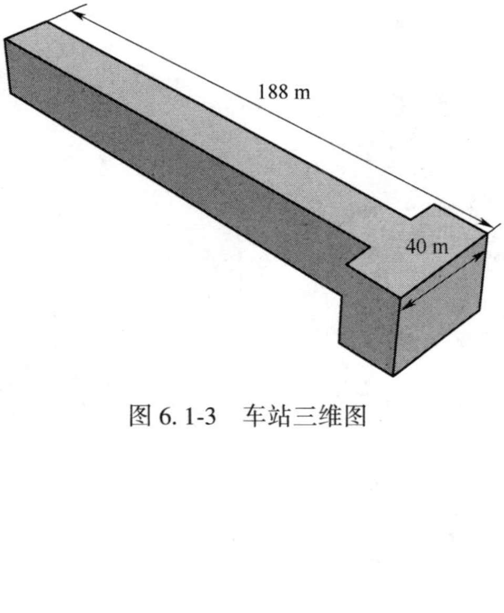

图 6. 1-3　车站三维图

图 6. 1-4　三维有限元计算模型范围

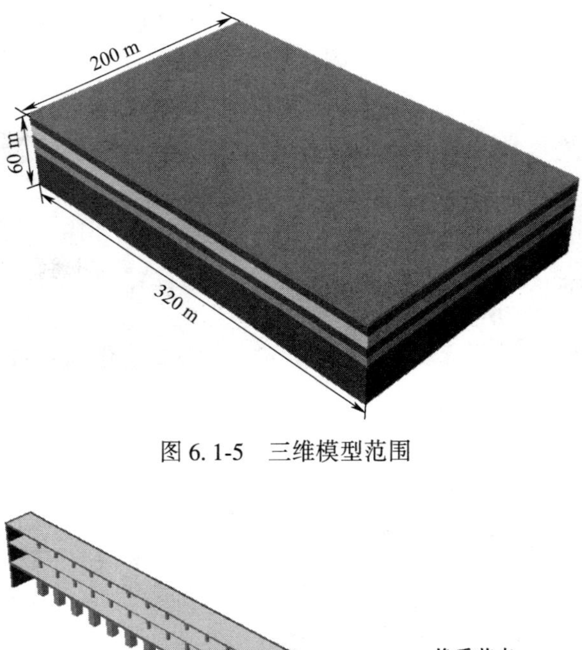

图 6. 1-5　三维模型范围

图 6. 1-6　车站模型纵剖面

6.2　分析步骤

结合施工现场实际情况,数值分析步骤如下:

Step 1:进行地应力平衡。

Step 2:激活 3 号线车站和换乘大厅既有结构。

Step 3:从东西两侧 4 个作业面开挖换乘节点角部土体,全断面开挖每次开挖长度为 0.5 m,架设斜撑。

Step 4:上下台阶法开挖下导洞。

Step 5:下导洞开挖完成后,分 5 段施工底板及底纵梁。

Step 6:换乘节点第一层中部土体开挖。

Step 7:施作电缆夹层板。

Step 8:分三层开挖换乘节点中部剩余土体,并架设钢支撑。

Step 9:施工剩余部分底板。

Step 10:拆除型钢支撑及角部斜撑,完成换乘节点施工。

6.3　施工力学分析

6.3.1　换乘节点顶板

1. 竖向位移分析

为了分析换乘节点负三层土体开挖对既有结构顶板的影响,并结合 ABAQUS 有限元软件网格划分的实际情况,在换乘节点的顶板选取 5 个分析点,选取在土体开挖过程中对 3 号线车站影响较大的 4 个分析步进行研究,分别是 Step 4、Step 6、Step 8、Step 10,拆除型钢支撑及角部斜撑,完成换乘节点施工。顶板竖向位移变化曲线如图 6.3-1 所示,图中“+”代表顶板出现隆起现象,“-”代表顶板出现下沉现象。

从顶板的竖向位移变化曲线可以看出:Step 4 施工完成后,由于开挖前进行注浆加固,顶板隆起的最大值为 0.15 mm,但是 Step 6 电缆夹层板以上覆土开挖完成后,顶板出现了一定的沉降,最大沉降值为 0.3 mm; Step 8 施工完成后,预留换乘节点工程的土体完全开挖后,顶板出现了整个施工过程的最大沉降值 0.44 mm;Step 10 施工完成后,对顶板的影响较小,所以顶板的竖向位移变化很小。根据《深圳城市轨道交通地下工程监测技术规范》(QB/SZMC-10102—

2010)的规定,结构绝对变形量为 10 mm(表 6. 3-1),满足规范规定的结构绝对变形量的要求,因此认为换乘节点顶板的竖向变形在安全可控范围内。从总体来看,预留换乘节点施工对既有结构的顶板影响较小。

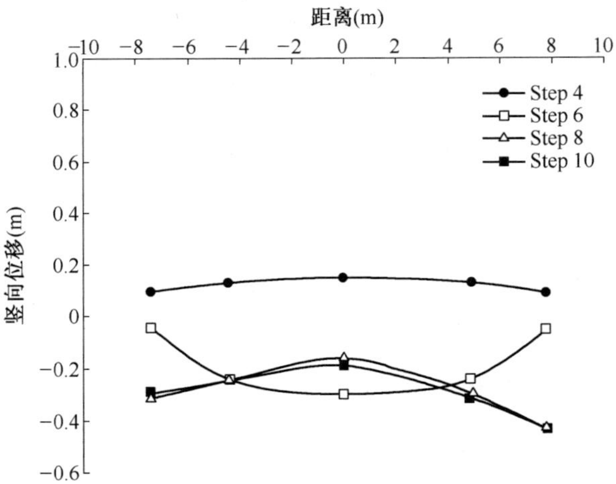

图 6. 3-1　顶板竖向位移变化曲线

表 6. 3-1　既有结构变形控制标准

监测项目	预警值	报警值	控制值
结构绝对变形量	10 mm	16 mm	20 mm

2. 轴力分析

为了分析换乘节点负三层土体开挖对既有结构顶板轴力变化的影响,并结合模型网格划分的实际情况,在换乘节点的顶板选取 5 个分析点,选取在土体开挖过程中对 3 号线车站影响较大的 4 个分析步进行研究,分别是 Step 4、Step 6、Step 8、Step 10,与竖向位移分析一样。轴力采用 Free Body Cut 输出轴力值。顶板轴力变化曲线如图 6. 3-2 所示,“+”代表顶板处于受拉状态,“-”代表顶板处于受压状态。

从顶板轴力的变化曲线可以看出,在预留换乘节点整个施工过程中,既有结构的顶板轴力呈现“两侧轴力较大、中间轴力较小”的趋势。Step 2 土体未开挖前,顶板的最大轴力值为-183. 5 kN,最小轴力值为-153. 5 kN,差值为 20 kN;Step 4 施工完成后,顶板的最大轴力值为-181. 5 kN,比 Step 2 略有减少,最小轴力值为-152. 3 kN;但是 Step 6 电缆夹层板以上覆土开挖完成后,顶板的最小轴力值为-165. 9 kN,比 Step 4 最小轴力值增加了 8. 93%;Step 8 施工完成后,预留换乘节点工程的土体开挖完成后,顶板的最大轴力值为-181. 6 kN;Step 10 施工完成后,对顶板的影响较小,最大轴力值为-181.6 kN。所以,顶板的最大轴力基本不变。从总体来看,在预留换乘节点整个施工过程中,既有结构的顶板轴力始终是负值,处于受压状态,而且在预留换乘节点整个施工过程中轴力变化较小,故换乘节点负三层土体开挖对顶板轴力影响较小。

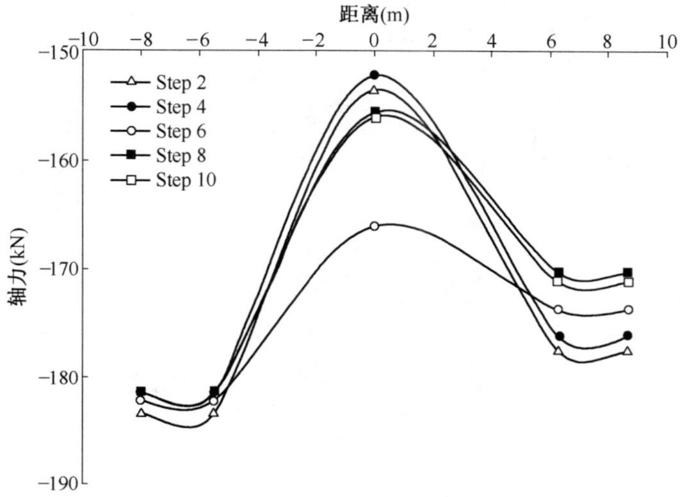

图 6.3-2　顶板轴力变化曲线

3. 弯矩分析

顶板弯矩变化曲线如图 6.3-3 所示。从图 6.3-3 中可以看出,在预留换乘节点整个施工过程中,既有结构的顶板弯矩呈现"驼峰型"分布。Step 2 土体未开挖前,顶板的最大弯矩值为 185.1 kN · m,最小弯矩值为 0;Step 4 施工完成后,顶板弯矩基本不变,最大弯矩值为 185 kN · m,最小弯矩值为 0 kN · m;Step 6 电缆夹层板以上覆土开挖完成后,顶板的最大弯矩值为 190.4 kN · m,比 Step 4 最大弯矩值增加了 5.4 kN · m;Step 8 施工完成后,预留换乘节点工程的土体开挖完成后,顶板的最大弯矩值为 188.7 kN · m;Step 10 施工完成后,对顶板的影响较小,最大弯矩值为 188.8 kN · m。所以,顶板的最大弯矩基本不变。从总体来看,在预留换乘节点整个施工过程中,弯矩变化很小,所以说换乘节点负三层土体开挖对顶板弯矩影响较小。

6.3.2　换乘节点负一层中板

1. 竖向位移分析

为了分析换乘节点负三层土体开挖对既有结构负一层中板的影响,并结合网格划分的实际情况,在换乘节点的负一层中板仍然选取 5 个分析点,仍然选取

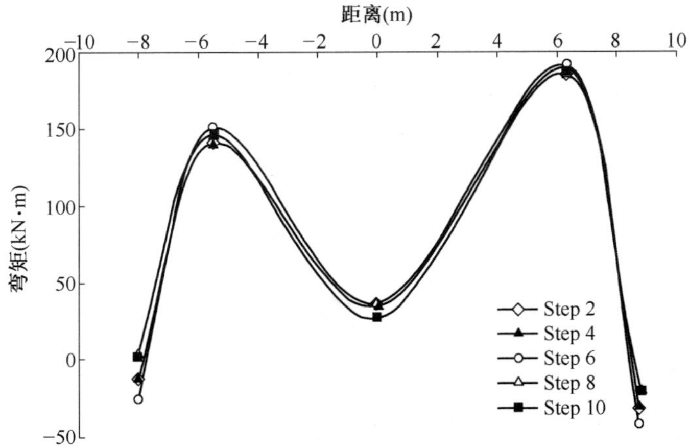

图 6. 3-3　顶板弯矩变化曲线

在土体开挖过程中对 3 号线车站影响较大的 4 个分析步进行研究，分别是 Step 4、Step 6 、Step 8、Step 10。负一层中板竖向位移变化曲线如图 6. 3-4 所示。

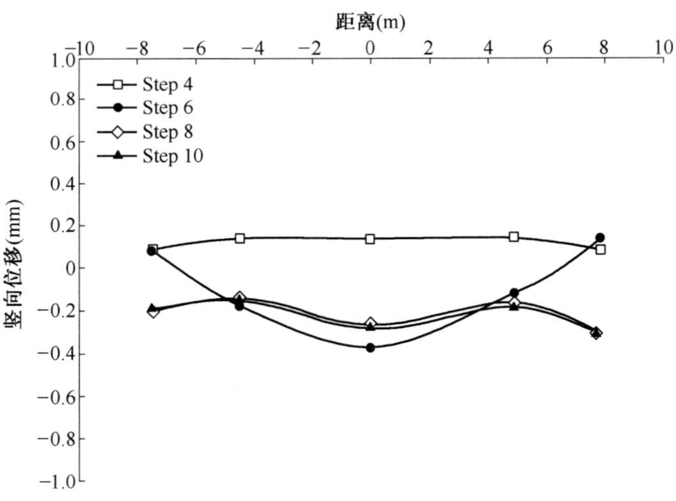

图 6. 3-4　负一层中板竖向位移变化曲线

从图 6. 3-4 中可以看出：Step 4 施工完成后，由于开挖前进行注浆加固，负一层中板隆起的最大值为 0. 14 mm；但是 Step 6 电缆夹层板以上覆土开挖完成后，负一层中板出现了一定的沉降，最大沉降值为 0. 37 mm；Step 8 施工完成后，预留换乘节点工程的土体开挖完成后，负一层中板靠近连续墙一侧的分析点出现了最大沉降值为 0. 31 mm；Step 10 施工完成后，对负一层中板的影响较小，所以负一层中板的竖向位移变化很小，Step 10 的最大沉降值为 0. 31 mm。根据《深圳城市轨道交通地下工程监测技术规范》（QB/SZMC-10102—2010）的规定，结构绝对变形量为 10 mm,而负一层中板的最大沉降值为 0.37 mm,满足规范规定的结构绝对变形量的要求,因此认为换乘节点负一层中板的竖向变形在安全可控范围内。从总体来看,预留换乘节点施工对既有结构负一层中板的影响也较小。

2. 轴力分析

负一层中板轴力变化曲线如图 6.3-5 所示。从图 6.3-5 中可以看出,在预留换乘节点整个施工过程中,既有结构负一层中板的轴力呈现“两侧轴力较小、中间轴力较大”的趋势,与顶板轴力分布情况恰好相反。Step 2 土体未开挖前,负一层中板的最大轴力值为−488.8 kN,最小轴力值为−419 kN,差值为 69.8 kN;Step 4 施工完成后,负一层中板的最大轴力值为−481.8 kN,比 Step 2 略有减少,最小轴力值为−418 kN;但是 Step 6 电缆夹层板以上覆土开挖完成后,负一层中板的最小轴力值为−450.3 kN,比 Step 4 最小轴力值增加了 7.73%;Step 8 施工完成后,预留换乘节点工程的土体开挖完成后,负一层中板的最大轴力值为−491.6 kN;Step 10 施工完成后,对负一层中板的影响较小,最大轴力值为−492.9 kN。所以,负一层中板最大轴力基本不变。从总体来看,在预留换乘节点整个施工过程中,既有结构的负一层中板轴力始终是负值,处于受压状态;负一层中板主要受本身自重和基坑周围的侧向土压力的影响,由于负一层中板比顶板埋深更深,所受到的侧向土压力更大,所以负一层中板的轴力比顶板的轴力要大,但是在预留换乘节点整个施工过程中轴力变化较小,所以说换乘节点负三层土体开挖对负一层中板轴力的影响较小。

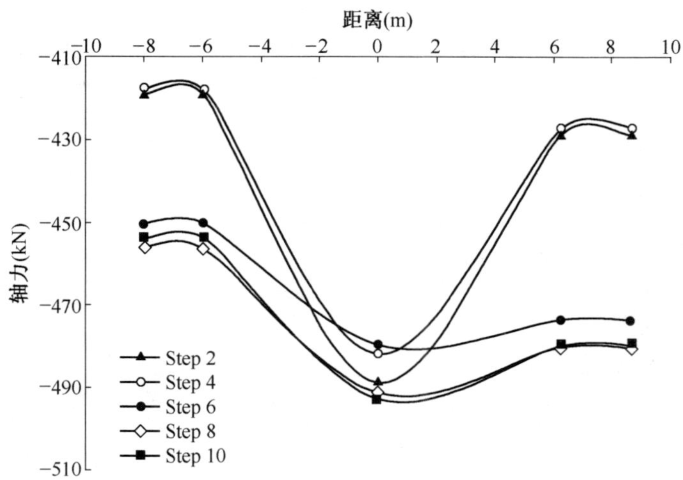

图 6.3-5 负一层中板轴力变化曲线

3. 弯矩分析

负一层中板弯矩变化曲线如图 6.3-6 所示。从图 6.3-6 中可以看出,在预留换乘节点整个施工过程中,既有结构的负一层中板弯矩呈现“两侧弯矩较大、中间弯矩较小”的分布趋势。Step 2 土体未开挖前,负一层中板的最大弯矩值为 -32.17 kN · m,最小弯矩值为 0 kN · m;Step 4 施工完成后,负一层中板的弯矩基本不变,最大弯矩值为-30.02 kN · m,最小弯矩值为 0 kN · m;Step 6 电缆夹层板以上覆土开挖完成后,负一层中板的最大弯矩值为-44.64 kN · m,比 Step 4 最大弯矩值增加了 14.62 kN · m;Step 8 施工完成后,预留换乘节点工程的土体开挖完成后,负一层中板的最大弯矩值为-32.73 kN · m;Step 10 施工完成后,对负一层中板的影响较小,最大弯矩值为-33.62 kN · m。所以,负一层中板的最大弯矩基本不变。从总体来看,负一层中板主要受本身自重和基坑周围的侧向土压力的影响,所以在预留换乘节点整个施工过程中,负三层土体开挖对负一层中板弯矩的影响较小。

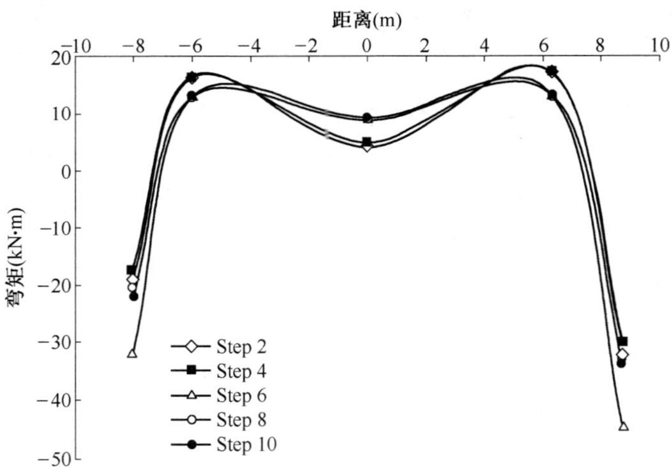

图 6.3-6　负一层中板弯矩变化曲线

6.3.3　换乘节点负二层中板

1. 竖向位移分析

为了分析换乘节点负三层土体开挖对既有结构负二层中板的影响,并结合网格划分的实际情况,在换乘节点的负二层中板仍然选取 5 个分析点,仍然选取在土体开挖过程中对 3 号线车站影响较大的 4 个分析步进行研究,分别是 Step 4、Step 6、Step 8、Step 10。负二层中板竖向位移变化曲线如图 6.3-7 所示。

从图 6.3-7 中可以看出:Step 4 施工完成后,由于开挖前进行注浆加固,负二层中板的最大沉降值为3.97 mm;但是Step 6电缆夹层板以上覆土开挖完成后,负二层中板出现了一定的沉降,最大沉降值为4.09 mm,说明Step 6对负二层中板的变化最为明显;Step 8施工完成后,预留换乘节点工程的土体开挖完成后,负二层中板最大沉降值为4.41 mm;Step 10施工完成后,对负二层中板的影响较小。所以,负二层中板的竖向位移变化不大,5个分析点中最大沉降值为4.1 mm。根据《深圳城市轨道交通地下工程监测技术规范》(QB/SZMC-10102—2010)的规定,结构绝对变形量为10 mm,而负二层中板的最大沉降值为4.41 mm,满足规范规定的结构绝对变形量的要求,因此认为换乘节点负二层中板的竖向变形在安全可控范围内。从总体来看,预留换乘节点施工对既有结构负二层中板的影响也不大。

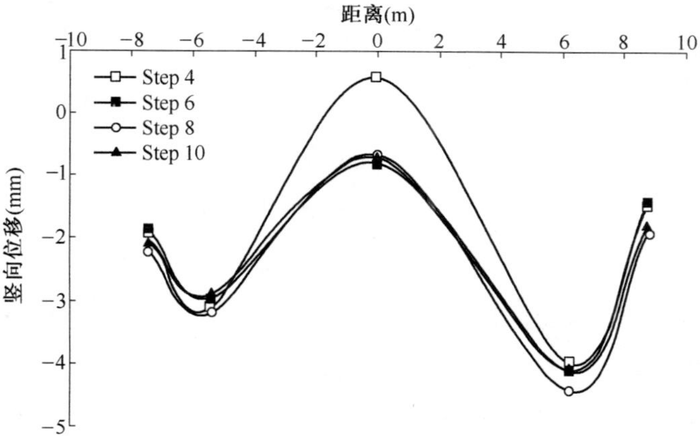

图6.3-7　负二层中板竖向位移变化曲线

2. 轴力分析

负二层中板轴力变化曲线如图6.3-8所示。从图6.3-8中可以看出,在预留换乘节点整个施工过程中,既有结构的负二层中板的轴力变化较为明显。Step 2土体未开挖前,负二层中板的最大轴力值为-898.2 kN,最小轴力值为-728.1 kN,差值为170.1 kN;Step 4施工完成后,负二层中板最大轴力值为-883.3 kN,比Step 2略有减少,最小轴力值为-736.7 kN;但是Step 6电缆夹层板以上覆土开挖完成后,负二层中板的最小轴力值为-835.7 kN,比Step 4最小轴力值增加了13.44%;Step 8施工完成后,预留换乘节点工程的土体开挖完成后,负二层中板的最大轴力值为-1 017 kN;Step 10施工完成后,对负二层中板的影响较小,最大轴力值为-972.5 kN。所以,负二层中板最大轴力略微减小。从总体来看,在预留换乘节点整个施工过程中,既有结构的负二层中板轴力始终是负值，处于受压状态；负二层中板主要受本身自重和基坑周围的侧向土压力的影响，由于负二层中板比负一层中板埋深更深，所受到的侧向土压力更大，所以负二层中板的轴力比负一层中板的轴力要大，而且在预留换乘节点整个施工过程中轴力变化较大，所以说换乘节点负三层土体开挖对负二层中板轴力的影响比顶板和负一层中板略大。

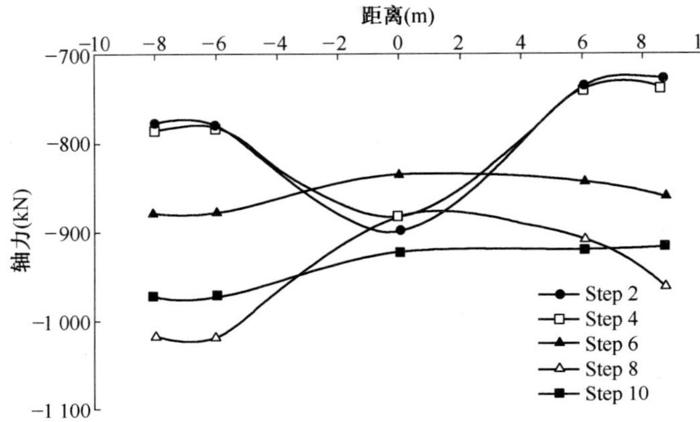

图 6. 3-8　负二层中板轴力变化曲线

3. 弯矩分析

负二层中板弯矩变化曲线如图 6. 3-9 所示。从图 6. 3-9 中可以看出，在预留换乘节点整个施工过程中，既有结构的负二层中板弯矩变化较为明显。Step 2 土体未开挖前，负二层中板的最大弯矩值为 226. 7 kN · m，最小弯矩值为 0 kN · m；Step 4 施工完成后，负二层中板的弯矩基本不变，最大弯矩值为 236. 2 kN · m，最小弯矩值为 0 kN · m；Step 6 电缆夹层板以上覆土开挖完成后，负二层中板的最大弯矩值为−39. 32 kN · m，比 Step 4 最大弯矩值变化了 275. 52 kN · m；Step 8 施工完成后，预留换乘节点工程的土体开挖完成后，负二层中板的最大弯矩值为−56. 74 kN · m；Step 10 施工完成后，对负二层中板的影响不大，最大弯矩值为 21. 36 kN · m。所以，负二层中板的最大弯矩基本不变。从总体来看，由于负二层中板以下土体被开挖，所受扰动比较大，所以负二层中板的弯矩比负一层中板的弯矩要大，而且在预留换乘节点整个施工过程中弯矩变化较大，所以说换乘节点负三层土体开挖对负二层中板弯矩的影响比顶板和负一层中板大。

6. 3. 4　换乘节点负三层土体开挖对既有结构板的影响

1. 竖向位移分析

为了分析换乘节点负三层土体开挖对既有结构板的影响，选取施工过程中

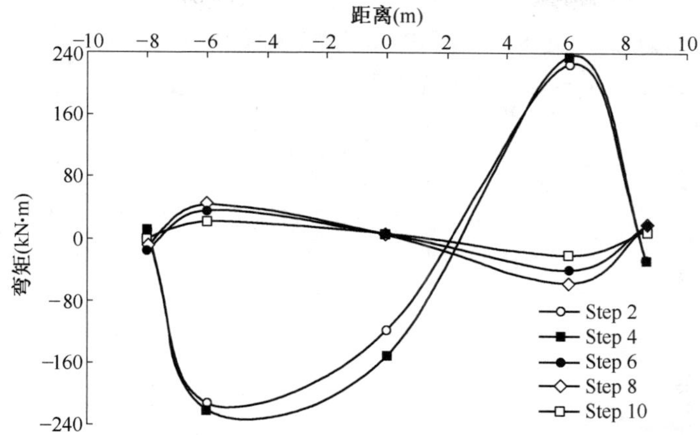

图 6.3-9　负二层中板弯矩变化曲线

对结构板影响较大的工序 Step 10 进行分析。结构板竖向位移变化曲线如图 6.3-10 所示。从图 6.3-10 中可以看出:换乘节点负三层土体开挖对既有结构的负二层中板变形影响最大,而对既有结构的顶板和负一层中板影响较小。施工过程中出现的最大沉降值为 4.41 mm,所以施工过程中主要监测土体开挖对负二层中板的影响。

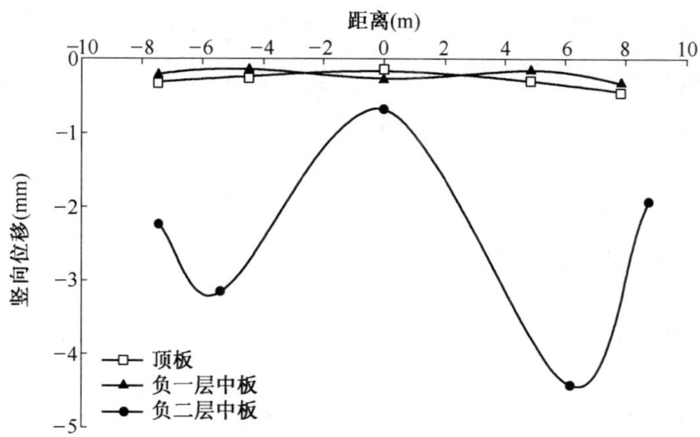

图 6.3-10　结构板竖向位移变化曲线

2. 轴力分析

既有结构板轴力变化曲线如图 6.3-11 所示。从图 6.3-11 中可以看出:既有结构板的轴力始终是负值,处于受压状态;结构板主要受本身自重和基坑周围的侧向土压力的影响,由于负二层中板比负一层中板和顶板的埋深更深,所受侧向土压力更大，所以负二层中板的轴力大于负一层中板的轴力，负一层中板的轴力大于顶板的轴力；施工过程中出现的最大轴力值为-1 017 kN，所以施工过程中主要监测土体开挖对负二层中板的影响。

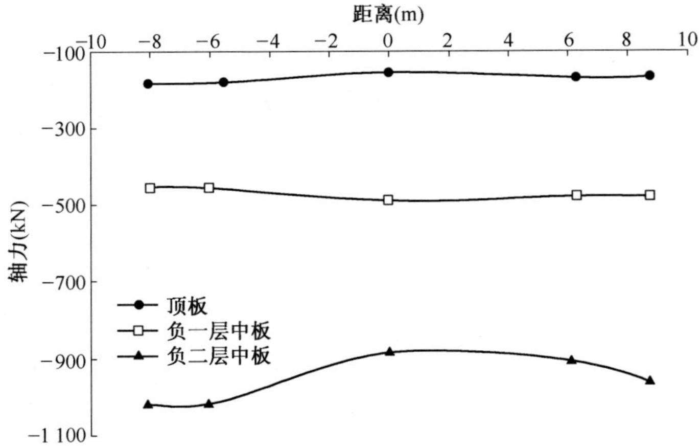

图 6. 3-11　结构板轴力变化曲线

3. 弯矩分析

既有结构板弯矩变化曲线如图 6. 3-12 所示。从图 6. 3-12 中可以看出：结构板主要受本身自重和上覆及下覆土压力的影响，由于负二层中板和顶板的弯矩比负一层中板的弯矩变化更明显，负一层中板的弯矩曲线接近水平变化，负二层中板和顶板的弯矩曲线波动较大；施工过程中出现的最大弯矩值为 236. 2 kN · m。所以施工过程中主要监测土体开挖对负二层中板的弯矩影响。

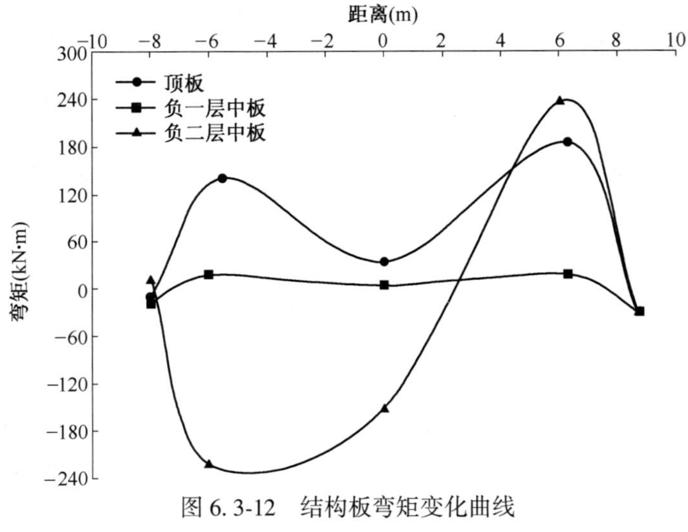

图 6. 3-12　结构板弯矩变化曲线

6.3.5　换乘节点负三层土体开挖对地下连续墙的影响

1. 竖向位移分析

为了分析换乘节点负三层土体开挖对既有结构地下连续墙产生的影响，并结合网格划分的实际情况，在地下连续墙选取 9 个分析点，仍然选取在土体开挖过程中对 3 号线车站影响较大的 4 个分析步进行研究，分别是 Step 4、Step 6、Step 8、Step 10。地下连续墙水平位移变化曲线如图 6.3-13 所示。

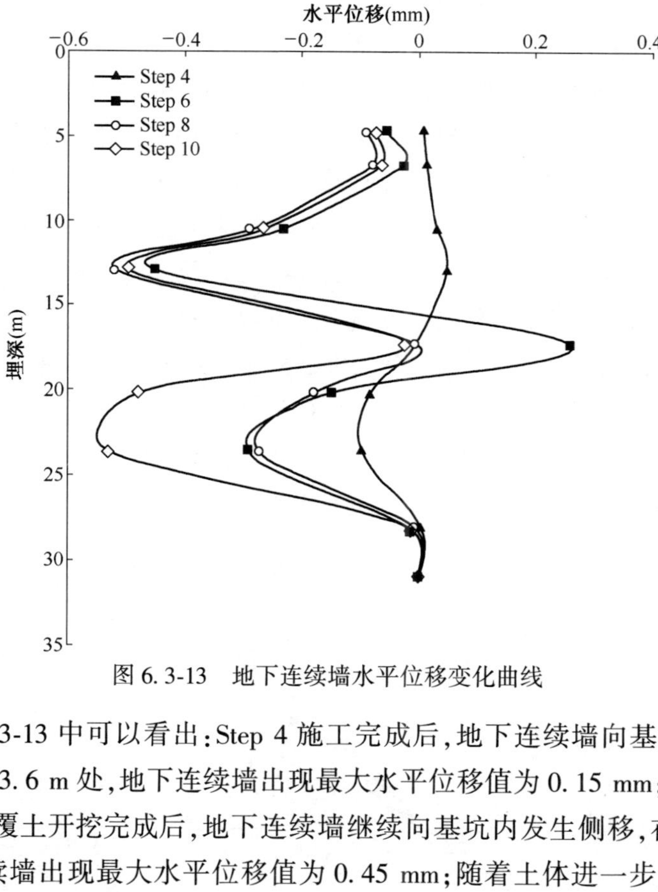

图 6.3-13　地下连续墙水平位移变化曲线

从图 6.3-13 中可以看出：Step 4 施工完成后，地下连续墙向基坑内发生侧移，在埋深 23.6 m 处，地下连续墙出现最大水平位移值为 0.15 mm；Step 6 电缆夹层板以上覆土开挖完成后，地下连续墙继续向基坑内发生侧移，在埋深 13 m 处，地下连续墙出现最大水平位移值为 0.45 mm；随着土体进一步开挖，Step 8 施工完成后，地下连续墙继续向基坑内发生侧移，在埋深 13 m 处，地下连续墙出现最大水平位移值为 0.5 mm；Step 10 施工完成后，地下连续墙继续向基坑内发生侧移，在埋深 23.6 m 处，地下连续墙出现最大水平位移值为 0.53 mm。根据《深圳城市轨道交通地下工程监测技术规范》(QB/SZMC-10102—2010)的规定，墙体允许位移控制值为 40 mm(表 6.3-2)，满足规范规定的墙体允许位移控制值的要求，因此认为换乘节点地下连续墙的水平位移在安全可控范围内。从总体来看,预留换乘节点施工对既有结构的地下连续墙影响较小。

表 6.3-2 明(盖)挖法施工监测值控制标准

监测项目及范围	允许位移控制值 U_0(mm)			位移平均速率控制值(mm/d)	位移最大速率控制值(mm/d)
	一级基坑	二级基坑	三级基坑		
桩(墙)体水平位移	≤0.25%H或≤40,两者取最小值	≤0.5%H或≤50,两者取最小值	≤0.75%H或≤60,两者取最小值	3	5

注:H为基坑开挖深度。

2. 轴力分析

地下连续墙轴力变化曲线如图 6.3-14 所示。从图 6.3-14 中可以看出,在预留换乘节点整个施工过程中,既有结构的地下连续墙轴力随着埋深呈现先增大后减小的趋势。Step 2 土体未开挖前,地下连续墙的最大轴力值为-570.7 kN,位于埋深 14.85 m 处,;Step 4 施工完成后,地下连续墙的最大轴力值为-570.4 kN,比 Step 2 略有减少,位于埋深 14.85 m 处;但是 Step 6 电缆夹层板以上覆土开挖完成后,地下连续墙的最大轴力值为-684.4 kN,位于埋深 16.79 m 处,比 Step 4 最大轴力值增加了 20%;Step 8 施工完成后,预留换乘节点工程的土体开挖完成后,地下连续墙的最大轴力值为-823.9 kN,位于埋深 23.59 m 处;Step 10 施工完成后,对地下连续墙的影响较小,最大轴力值为-801.1 kN,位于埋深 23.59 m 处。从总体来看,在预留换乘节点整个施工过程中,既有结构的地

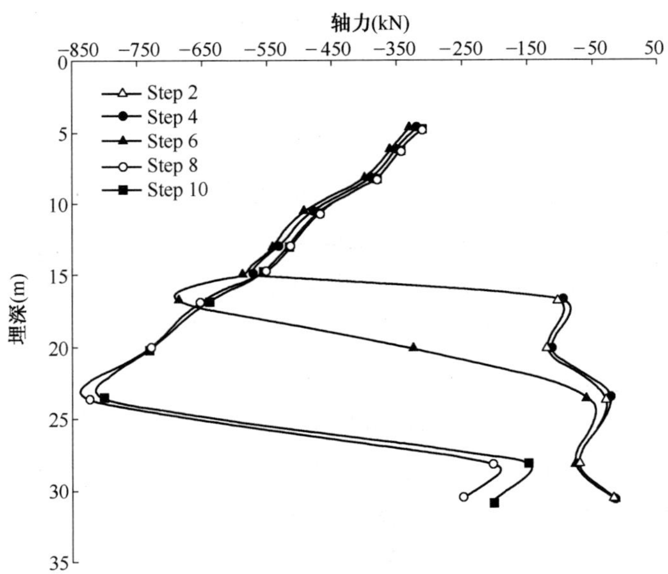

图 6.3-14 地下连续墙轴力变化曲线

下连续墙轴力始终是负值，处于受压状态，而且在预留换乘节点整个施工过程中轴力变化不大，所以说换乘节点负三层土体开挖对地下连续墙轴力影响不大。

3. 弯矩分析

地下连续墙弯矩变化曲线如图 6. 3-15 所示。从图 6. 3-15 中可以看出，在预留换乘节点整个施工过程中，既有结构的地下连续墙弯矩变化呈现“两端变化小、中间变化大”的趋势。Step 2 土体未开挖前，地下连续墙的最大弯矩值为 −237. 7 kN · m，位于埋深 14. 85 m 处；Step 4 施工完成后，地下连续墙的最大弯矩值为−249. 9 kN · m，比 Step 2 略有增加，位于埋深 14. 85 m 处；但是 Step 6 电缆夹层板以上覆土开挖完成后，地下连续墙的最大弯矩值为 264. 3 kN · m，位于埋深 16. 79 m 处，比 Step 4 最大弯矩值增加了 512. 4 kN · m；Step 8 施工完成后，预留换乘节点工程的土体开挖完成后，地下连续墙的最大弯矩值为 229. 5 kN · m，位于埋深 16. 79 m 处；Step 10 施工完成后，对地下连续墙的影响较小，最大弯矩值为 249. 1 kN · m，位于埋深 16. 79 m 处。从总体来看，地下连续墙受负三层土体开挖的影响不是很大，所以在预留换乘节点整个施工过程中，换乘节点负三层土体开挖对地下连续墙弯矩影响不大。

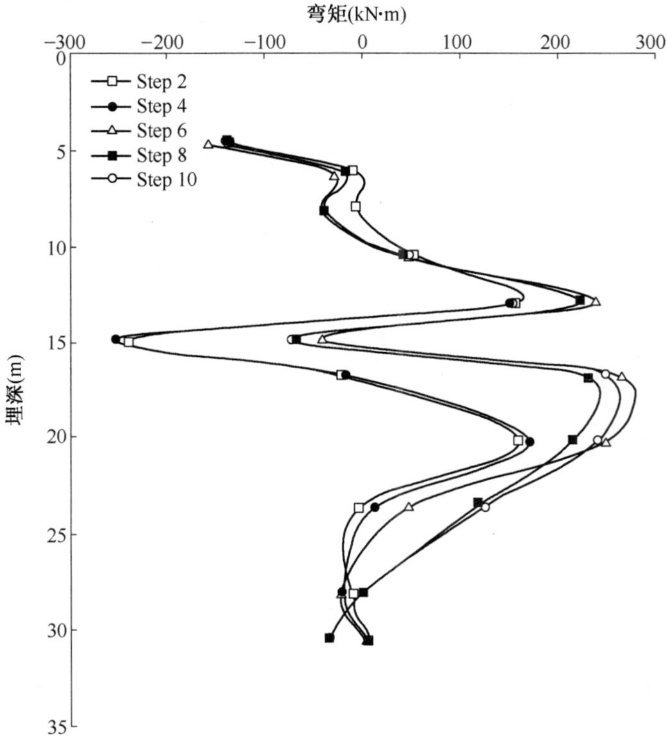

图 6. 3-15　地下连续墙弯矩变化曲线

6.4 本章小结

(1)利用ABAQUS有限元软件建立分析三维模型,详细分析施工过程中车站结构的力学行为,包括换乘节点顶板、负一层中板和负二层中板的变形、弯矩和轴力以及换乘节点负三层土体开挖对既有结构板和地下连续墙的影响。

(2)石厦站换乘节点“拓建”的施工方法和工艺有效控制了既有结构的变形,采用的开挖前进行注浆封闭止水及洞内开挖时补注浆,分层、分块开挖节点范围内的土体,以及小导洞注浆+台阶法+临时仰拱的施工方法是可行的。

(3)该“拓建”方法开挖耗时少,能做到及时封闭,可有效减少既有车站的沉降,施工过程中出现的最大沉降值为4.41 mm,使结构变形控制在安全范围内(小于控制值10 mm),保证了既有结构的运营安全。

(4)在整个换乘节点工程施工过程中,负二层中板的弯矩和轴力变化最为明显,最大轴力值为-1 017 kN,最大弯矩值为236.2 kN · m,应该重点监测负二层中板内力的变化。

(5)换乘节点负三层土体开挖对既有结构的负二层中板变形影响最大,对顶板和负一层中板和地下连续墙影响较小,所以对负二层中板变形应加强监测。

第 7 章　地下车站拓建自动化监测技术

7.1　监测目的

地下车站换乘节点“拓建”施工过程中，土体性状和支护结构的受力状况不断变化，运营地铁车站结构受地质、荷载、材料、施工工艺和环境等诸多因素的影响较大，特别是地质的不均匀性以及施工荷载难以量化等导致理论计算结果与现场实际的力学状态不一致，造成理论预测结果还不能全面准确地反映工程的各种变化。因此，为确保施工过程的安全稳定，在施工中必须对地层和支护结构以及施工影响范围内的建(构)筑物进行实时监测，从而为施工安全判断提供可靠信息，为合理修改支护参数及正确选择施工方法提供技术依据。

7 号线与 3 号线石厦站换乘节点地下“拓建”暗挖施工难度大，且位于 3 号线已运营车站下，对 3 号线的安全运营影响大，施工安全风险极高，被评估为Ⅰ级风险。因此，“拓建”施工过程中必须做好监控量测，其目的如下：

(1)通过监测，了解土压力及变形在基坑开挖过程中的变化规律，明确工程施工对地层的影响程度以及可能出现的不良地质地段和产生失稳的薄弱环节。

(2)通过监测，了解支护结构的受力和变形状态，并对其安全稳定性进行评价。

(3)通过监测，了解工程施工对周围建筑物和地下管线的影响程度，确保其处于安全的工作状态。

监测重点主要是 3 号线轨行区沉降变形和围护结构的稳定性及变形。

7.2　自动化监测系统构建

1. 监测仪器

采用徕卡 TS30 测量机器人与 GeoMos 专业监测软件配套使用实现自动化监测。TS30 全站仪如图 7.2-1 所示，GeoMos 专业监测软件截面如图 7.2-2 所示。

GeoMos 专业监测软件是实现自动化监测的平台，可远程控制测量机器人，且该软件能自动处理接收到的监测数据，并生成监测成果表及变形曲线。

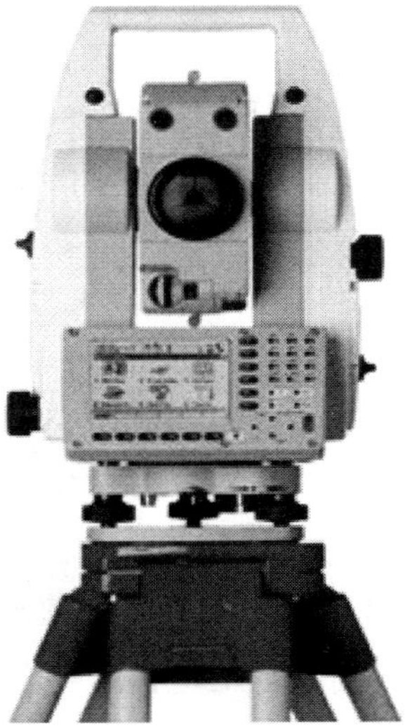

图 7.2-1　TS30 全站仪

图 7.2-2　GeoMos 专业监测软件(截图)

2. 自动化监测系统构成

自动变形监测系统主要由数据采集、数据传输、系统总控、数据处理、数据分析和数据管理等部分组成,如图 7.2-3 所示。

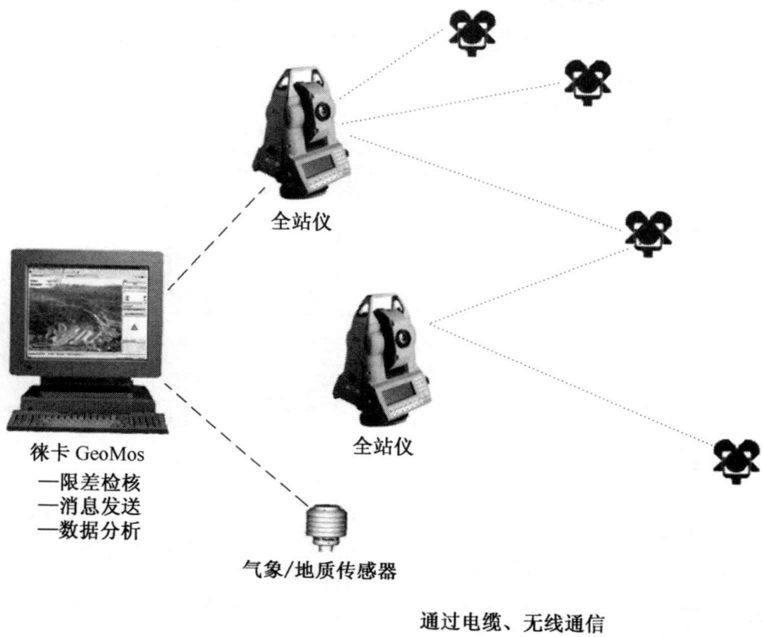

图 7. 2-3　自动变形监测系统

7.3　现场监测布置

7. 3. 1　人工监测点

根据 7 号线与 3 号线石厦站换乘节点施工及其运营的实际情况,施工监测点布置如图 7. 3-1 所示。监控量测项目如下:

(1)地面、建(构)筑物沉降观测点根据建筑物、道路等要求设置。

(2)支护结构的水平位移、沉降及测斜孔。

(3)型钢支撑的轴力:每道型钢支撑,每隔 5 根布置 1 个轴力测点。

(4)水位观测孔、土体测斜孔:沿基坑两侧,距围护结构 1. 5~3 m 左右,每隔 30 m 设 1 组监测点。

(5)基坑底部回弹和隆起:在基坑底部两侧,距围护结构内侧 3 m 位置,沿纵向每 30 m 布置 1 组基坑回弹测点。

(6)围护结构内力、土压力、孔隙水压力:沿围护结构两侧,在换乘节点两侧各布置 2 个监测断面。

(7)对既有 3 号线车站与区间的自动化监测。

(8)由于7号线基坑开挖时已布置了以上相关监测点,节点施工时可根据现场实际情况,适当利用7号线已布置的具有相同功能的监测测点。

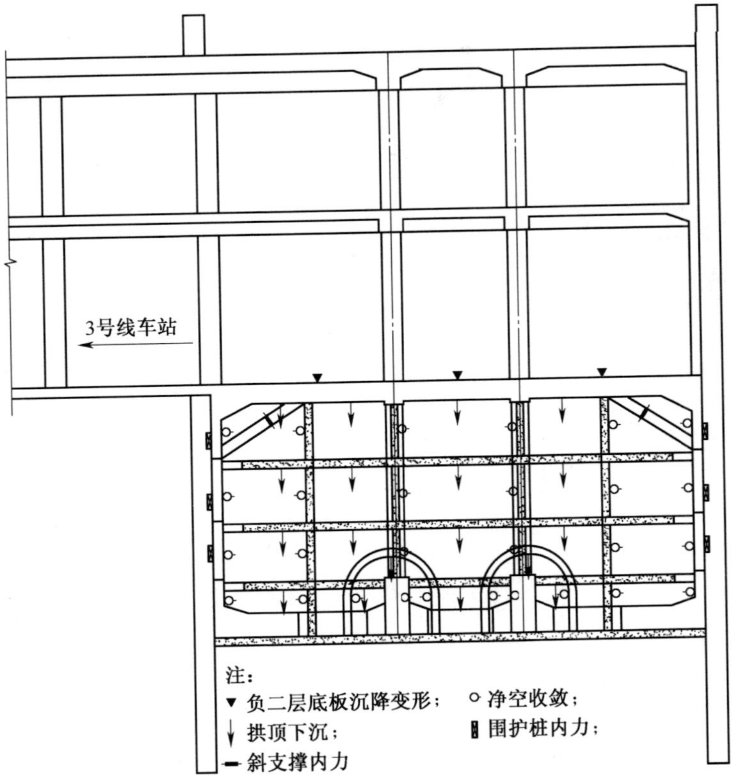

图7.3-1　换乘节点负三层暗挖法施工监测测点布置图

7.3.2　自动化监测点

隧道左右线施工危险段DK4+190～DK4+215里程范围内每5 m布置1个监测断面,共布置6个;在施工危险段两端各延伸50 m并按10 m布置1个监测断面,共布置10个。则隧道左右线共布置监测断面32个,分别是上行线16个(R1～R16),下行线16个(L1～L16),其中监测断面L9～L16、R9～R16位于车站内,其余监测断面位于隧道内。

隧道内每个监测断面布置4个监测点,分别是道床1个,边墙2个,拱顶1个;车站内每个监测断面布置2个监测点,分别是道床1个,边墙1个。则左右线共布置监测点96个。

为保障测量精度，在施工影响监测范围之外设置 3 个以上基准点，严格控制测站与观测点的距离，测站点和监测点的垂直角小于 10°，直线距离控制在 150 m 以内。7 号线与 3 号线石厦站换乘节点“拓建”自动化监测点布置如图 7.3-2～图 7.3-4 所示，各监测点详细信息见表 7.3。

在指定的位置，采用地面钻孔埋设定制的钢筋，并用水泥砂浆固定，待水泥固化后将徕卡专用棱镜固定在定制钢筋上。人工监测与自动化监测均采用同一监测点标志。

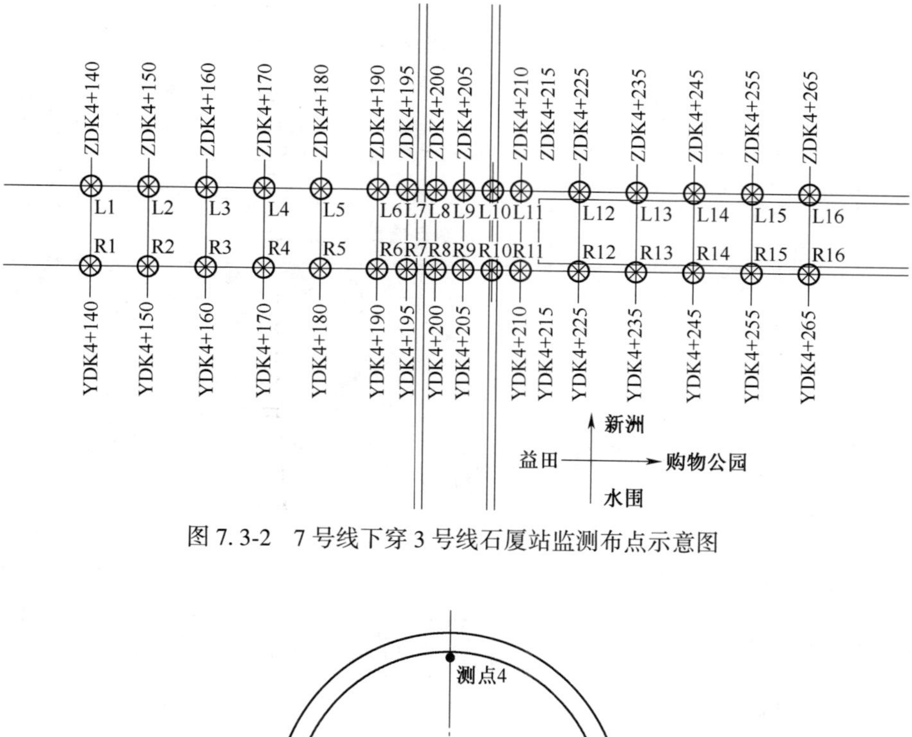

图 7.3-2　7 号线下穿 3 号线石厦站监测布点示意图

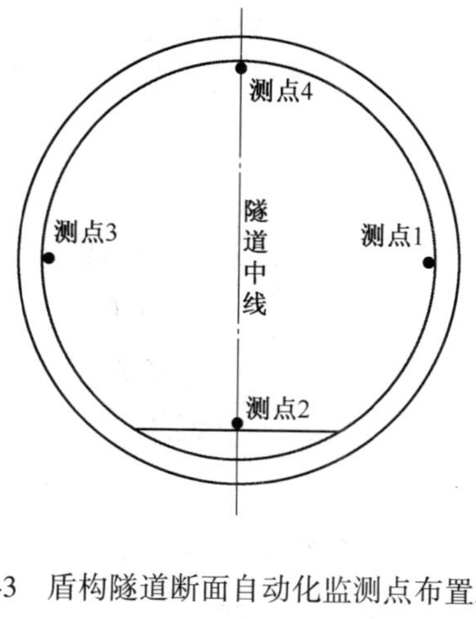

图 7.3-3　盾构隧道断面自动化监测点布置示意图

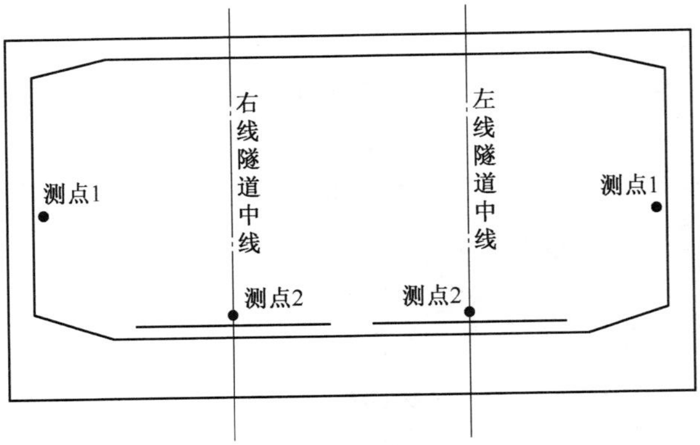

图 7.3-4　地铁车站断面自动化监测点布置示意图

表 7.3　监测点信息表

线别	监测断面	监测里程	监测点	测点位置	线别	监测断面	监测里程	监测点	测点位置
隧道左线	L1	ZDK4+140	L1-1	道床	隧道右线	R1	YDK4+140	R1-1	道床
			L1-2、L1-3	边墙				R1-2、R1-3	边墙
			L1-4	拱顶				R1-4	拱顶
	L2	ZDK4+150	L2-1	道床		R2	YDK4+150	R2-1	道床
			L2-2、L2-3	边墙				R2-2、R2-3	边墙
			L2-4	拱顶				R2-4	拱顶
	L3	ZDK4+160	L3-1	道床		R3	YDK4+160	R3-1	道床
			L3-2、L3-3	边墙				R3-2、R3-3	边墙
			L3-4	拱顶				R3-4	拱顶
	L4	ZDK4+170	L4-1	道床		R4	YDK4+170	R4-1	道床
			L4-2、L4-3	边墙				R4-2、R4-3	边墙
			L4-4	拱顶				R4-4	拱顶
	L5	ZDK4+180	L5-1	道床		R5	YDK4+180	R5-1	道床
			L5-2、L5-3	边墙				R5-2、R5-3	边墙
			L5-4	拱顶				R5-4	拱顶
	L6	ZDK4+190	L6-1	道床		R6	YDK4+190	R6-1	道床
			L6-2、L6-3	边墙				R6-2、R6-3	边墙
			L6-4	拱顶				R6-4	拱顶

续上表

线别	监测断面	监测里程	监测点	测点位置	线别	监测断面	监测里程	监测点	测点位置
隧道左线	L7	ZDK4+195	L7-1	道床	隧道右线	R7	YDK4+195	R7-1	道床
			L7-2、L7-3	边墙				R7-2、R7-3	边墙
			L7-4	拱顶				R7-4	拱顶
	L8	ZDK4+200	L8-1	道床		R8	YDK4+200	R8-1	道床
			L8-2、L8-3	边墙				R8-2、R8-3	边墙
			L8-4	拱顶				R8-4	拱顶
	L9	ZDK4+205	L9-1	道床		R9	YDK4+205	R9-1	道床
			L9-2	边墙				R9-2	边墙
	L10	ZDK4+210	L10-1	道床		R10	YDK4+210	R10-1	道床
			L10-2	边墙				R10-2	边墙
	L11	ZDK4+215	L11-1	道床		R11	YDK4+215	R11-1	道床
			L11-2	边墙				R11-2	边墙
	L12	ZDK4+225	L12-1	道床		R12	YDK4+225	R12-1	道床
			L12-2	边墙				R12-2	边墙
	L13	ZDK4+235	L13-1	道床		R13	YDK4+235	R13-1	道床
			L13-2	边墙				R13-2	边墙
	L14	ZDK4+245	L14-1	道床		R14	YDK4+245	R14-1	道床
			L14-2	边墙				R14-2	边墙
	L15	ZDK4+255	L15-1	道床		R15	YDK4+255	R15-1	道床
			L15-2	边墙				R15-2	边墙
	L16	ZDK4+265	L16-1	道床		R16	YDK4+265	R16-1	道床
			L16-2	边墙				R16-2	边墙

7.4 监测频率与控制值

7.4.1 自动化监测频率

自动化监测频率如下：

(1)桩基施工期间，每周监测3次。

(2)土方开挖及支撑施工期间，每天监测1次。

(3)地下室施工期间到主体结构完成，一般还按每天监测 1 次。

除按照以上监测频率标准组织监测外，出现以下情形时作出相应调整的监测频率：当出现工程事故或其他因素造成监测数据变化出现异常时，及时增加监测频率(采用自动化监测的项目应同时辅以人工监测复核)，第一时间通知业主、监理和施工方，并根据业主的指示增加监测频率直至危险或安全隐患解除；当监测数据的累计变化值接近或超过报警值时，自行增加相应区段监测点的监测频率，直至监测数据变化平稳。

7.4.2 人工监测频率

人工监测频率如下：

(1)3 号线已运营车站底板沉降、冠梁顶沉降及位移、斜撑轴力、围护结构变形及应力量测在暗挖导洞开挖期间每 2 天 1 次，监测发现异常时应及时加密监测频率至每天 2 次或每 3 小时监测 1 次。

(2)型钢钢架拱顶下沉及水平收敛每天 1 次，监测数据发现异常时，应加密至每天 2 次或每 3 小时 1 次。

(3)雨季施工期间，各项监测项目应适当加密监测频率至每天 1 次。

7.4.3 监测预警及控制值

施工监测是一个动态过程，必须结合本工程的施工进度进行，并且要保证监测的连续性和准确性，以提供足够的资料进行统计分析，从而有效指导施工，使施工顺利进行。监测项目的监测频率应综合考虑基坑类别、基坑及地下工程的不同施工阶段及周边环境、自然条件的变化和当地经验。当监测值相对稳定时，可适当降低监测频率。

对于应测项目，在无数据异常和事故征兆的情况下，开挖后监测控制指标按表 7.4-1 和表 7.4-2 确定。

施工时需对已运营 3 号线车站及盾构隧道进行监测，当监测数据超出相应预警值、控制值指标时，需报告相关单位并采取应急措施及预案，防止对 3 号线车站及盾构隧道造成影响。

根据相关规范及设计要求，本项目变形监测控制指标见表 7.4-3。

依据深圳市《城市轨道交通安全保护区施工管理办法》(2011 版)，当实际变形值达到最大变形允许值的 60% 时，须向有关单位发出黄色预警；当达到最大变形允许值的 80% 时，应发出橙色报警；当超过最大变形允许值时，应发出红色报警。且当首次报警后，若测点以较大的速率继续下沉变形，应视情况继续报警。

表 7.4-1　基坑施工监测控制指标表

序 号	监测项目		方法及仪器	监测精度	警戒值	控制值	变化速率报警值(mm/d)
1	地层及支护情况观察		现场观测及地质描述	—	—	—	—
2	墙顶位移		全站仪	0.1 mm	25 mm	30 mm	3
3	支护结构应力		轴力计、钢筋计	<1/100(F.S)	80%f	100%f	—
4	墙身变形(测斜)		测斜管	0.1 mm	40 mm	50 mm	3
5	地下水位		水位计	1.0 m	降水不大于 0.8 m	降水不大于 1 m	500
6	地面、临近建筑物沉降		精密水准仪	0.01 mm	20 mm	30 mm	3
7	管线沉降	压力	水准仪	0.01 mm	15 mm	20 mm	3
		非压力	水准仪	0.01 mm	24 mm	30 mm	5
8	基底隆起		水准仪	0.1 mm	25 mm	30 mm	3

注：1. f 为指定内力值。

2. 当监测项目的变化速率连续 3 天超过报警值的 70%，也应报警。

3. 变形及应力监测频率在开挖期间每天 1 次，底板浇筑 1 周后，每周 1～2 次，主体结构施工完成覆土后结束。

表 7.4-2　节点负三层监控项目一览表

序 号	监测项目	警戒值	控制值
1	地下二层底板及负三层柱子沉降变形	2 mm	5 mm
2	斜支撑内力	指定承受内力值的 80%	指定承受内力值
3	围护结构内力(钢筋计)	指定承受内力值的 60%	指定承受内力值
4	拱顶下沉	15 mm	20 mm
5	水平收敛	20 mm	30 mm
6	坑底隆起	10 mm	20 mm

表 7.4-3　运营结果变形监测控制指标一览表

序 号	监测项目	预警值(黄色)	报警值(橙色)	控制值(红色)
1	结构绝对变形量	6.0 mm	8.0 mm	10.0 mm
2	差异变形	2.4 mm/10 m	3.2 mm/10 m	4.0 mm/10 m

7.5 运营车站自动化监测分析

采用自动化仪器对监测点进行监测,3 号线石厦站 2013 年 10 月 29 日完成现场监测仪器安装、测点布置、采集初始值并开始自动化监测。2015 年 8 月 31 日经相关部门协商并决定停止监测。

从 2013 年 10 月对 3 号线石厦站受地铁 7 号线石厦站换乘节点施工影响段监测开始,截至 2015 年 8 月,监测历时 23 个月,共监测周报 92 期,对观测数据进行了整理,监测结果最大值详见表 7. 5-1、表 7. 5-2。

表 7. 5-1　最大沉降统计表

线　　路	统计项目	里　　程	观测点号	变形量(mm)
左线	累计沉降变化最大值	ZDK4+215	L11-2	+7. 3
右线	累计沉降变化最大值	YDK4+180	R5-2	−6. 1

表 7. 5-2　最大水平位移统计表

线　　路	统计项目	里　　程	观测点号	变形量(mm)
左线	累计水平位移变化最大值	ZDK4+195	L7-2	+5. 6
右线	累计水平位移变化最大值	YDK4+195	R7-3	−4. 7

使用坐标系为监测独立坐标系,纵轴(X 轴)与隧道轴线基本平行,往小里程(益田)方向为轴正向;纵轴的东方向为横轴(Y 轴)的正方向;垂直于该方向的直线为坐标系的纵轴(X 轴)。水平位移为“+”值表示隧道向新洲方向移动,“−”值表示向水围方向移动。竖向位移“+”表示隆起,“−”表示下沉。

截至 2015 年 8 月 31 日,3 号线石厦站左线最大累计沉降值为+7. 3 mm(L11-2),里程为 ZDK4+215;其中 L8-3 最大累计沉降值为+7. 1 mm,断面监测点累计沉降超出预警值,里程为 ZDK4+200,其他断面累计沉降值相对较小,未超出预警值,相对较为稳定;最大累计水平位移值为+5. 6 mm(L7-2),里程为 ZDK4+195;其他断面累计位移相对较小,相对较为稳定,未超出预警。目前 3 号线左线所有监测点沉降和位移变化速率较小,基本已处于稳定状态。

3 号线右线最大累计沉降值为−6. 2 mm(R5-2),里程为 YDK4+180;其他断面监测点累计沉降较小,未超出预警值,相对较为稳定;最大累计位移值为−4. 7 mm(R7-3),里程为 YDK4+195;其他断面累计位移相对较小,未超出预警值,相对较为稳定。目前 3 号线右线所有监测点沉降变化速率较小,基本已处于稳定状态。左右线超出预警值监测点主要是由于施工过程打注浆孔、注浆引起的。

7.6　换乘节点拓建对运营车站的影响监测分析

为了单独分析换乘节点施工开挖对既有车站的影响，对由于石厦站施工引起3号线的水平位移和竖向位移进行清零处理，并选取关键施工工序完成的时间点所对应的变形，分析换乘节点开挖的影响。水平位移为“+”值表示隧道向新洲方向移动，“-”值表示向水围方向移动。竖向位移“+”表示隆起，“-”表示下沉。

7.6.1　左线隧道沉降分析

按照自动化监测点在地铁车站和盾构断面的不同位置分类，分为拱顶测点、边墙测点和道床测点。*X* 轴以里程 DK4+140 为起点，购物公园站方向为正方向。*Y* 轴为竖向位移，代表监测点的隆起和下沉。为了方便和数值分析过程相结合，仍然选取在换乘节点施工过程中对3号线车站影响较大的4个工序进行研究，分别是：Step 4，上下台阶法开挖下导洞；Step 6，换乘节点第一层中部土体开挖；Step 8，分三层开挖换乘节点中部剩余土体，并架设钢支撑；Step 10，拆除型钢支撑及角部斜撑，完成换乘节点施工。选取这4个不同工序对测点竖向位移进行整理分析，结果如图7.6-1～图7.6-4所示。

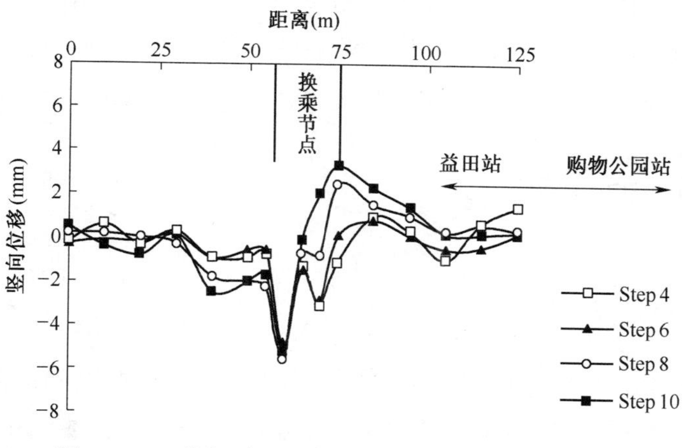

图7.6-1　不同工序下的道床测点竖向位移曲线（左线）

从图7.6-1中可以看出：在 Step 8 完成后，在断面 ZDK4+200 上，道床测点出现最大沉降，最大沉降值为5.6 mm；在 Step 10 完成后，在断面 ZDK4+215 上，道床测点出现最大隆起，最大隆起值为 3. 3 mm。换乘节点开挖对道床的影响呈现“中间大、两边小”的趋势。

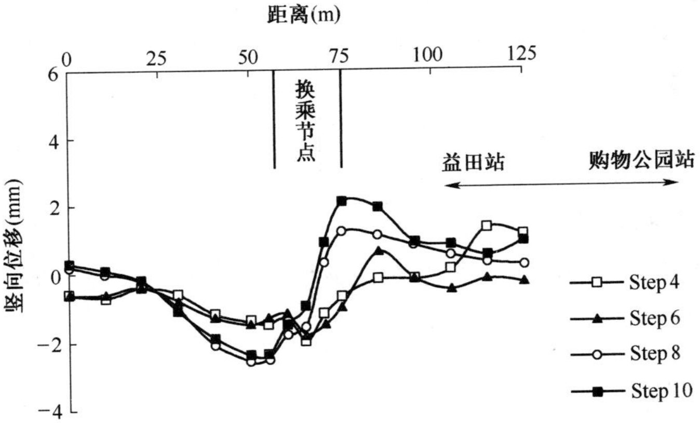

图 7. 6-2　不同工序下的边墙测点 1 竖向位移曲线(左线)

从图 7. 6-2 中可以看出，与道床测点的最大沉降值和最大隆起值相比，边墙测点 1 的最大沉降值和最大隆起值要小得多。在 Step 8 完成后，在断面 ZDK4+190 上，边墙测点 1 出现最大沉降，最大沉降值为 2. 6 mm；在 Step 10 完成后，在断面 ZDK4+215 上，边墙测点 1 出现最大隆起，最大隆起值为 2. 1 mm。换乘节点开挖对边墙测点 1 的影响呈现“中间大、两边小”的趋势。

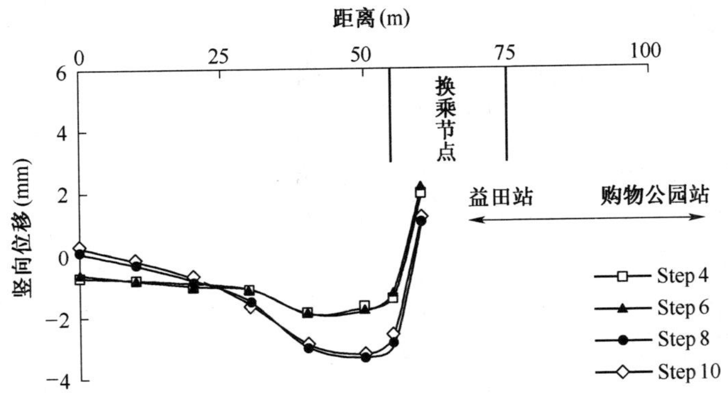

图 7. 6-3　不同工序下的边墙测点 3 竖向位移曲线(左线)

从图 7. 6-3 中可以看出，由于地铁车站内没有边墙测点 3，边墙测点 3 设置在盾构隧道的管片上，与道床测点和边墙测点 1 的竖向位移曲线相比，边墙测点 3 的竖向位移曲线明显短一些。与道床测点的最大沉降值和最大隆起值相比，边墙测点 3 的最大沉降值和最大隆起值要小得多。在 Step 8 完成后，在断面 ZDK4+190 上，边墙测点 3 出现最大沉降，最大沉降值为 3. 3 mm；在 Step 6 完成后,在断面 ZDK4+200 上,边墙测点 3 出现最大隆起,最大隆起值为 2.2 mm。换乘节点开挖对边墙测点 3 的影响特点是:靠近换乘节点的测点影响较大,远离换乘节点的影响较小。

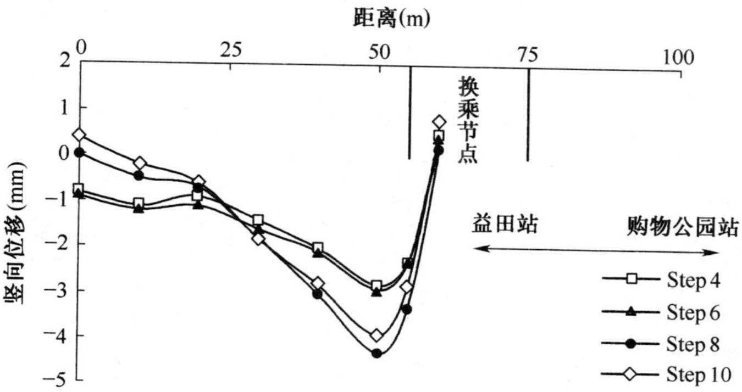

图 7.6-4 不同工序下的拱顶测点竖向位移曲线(左线)

从图 7.6-4 中可以看出,由于地铁车站内没有拱顶测点,拱顶测点设置在盾构隧道的管片上,与道床测点和边墙测点 1 的竖向位移曲线相比,拱顶测点的竖向位移曲线明显短一些。与道床测点的最大沉降值和最大隆起值相比,拱顶测点的最大沉降值和最大隆起值要小得多。在 Step 8 完成后,在断面 ZDK4+190 上,拱顶测点出现最大沉降,最大沉降值为 4.3 mm;在 Step 10 完成后,在断面 ZDK4+200 上,拱顶测点出现最大隆起,最大隆起值为 0.8 mm。换乘节点开挖对拱顶测点的影响特点是:靠近换乘节点的测点影响较大,远离换乘节点的影响较小。

对左线隧道的拱顶测点、边墙测点 1、边墙测点 3 和道床测点的自动化监测数据整理分析后发现,最大沉降值和隆起值均出现在道床测点,而且大多数测点的最大沉降值出现在 Step 8 完成后,也就是换乘节点中部剩余土体开挖完成后;大多数测点的最大隆起值出现在 Step 10 完成后,也就是拆除型钢支撑及角部斜撑,完成换乘节点施工后。在 Step 8 完成后,在断面 ZDK4+200 上,道床测点出现最大沉降,最大沉降值为 5.6 mm;在 Step 10 完成后,在断面 ZDK4+215 上,道床测点出现最大隆起,最大隆起值为 3.3 mm。根据《深圳城市轨道交通地下工程监测技术规范》(QB/SZMC-10102—2010)的规定,结构绝对变形量为 10 mm,而既有车站和盾构隧道的最大沉降值和隆起值满足规范规定的结构绝对变形量的要求,因此认为换乘节点开挖引起既有车站和盾构隧道的竖向变形在安全可控范围内。从总体来看,预留换乘节点施工对既有车站和盾构隧道左线的竖向位移影响较小。

7.6.2　右线隧道沉降分析

对右线隧道的沉降分析方法与左线隧道一致,选取 4 个不同工序对测点竖向位移进行整理分析,结果如图 7.6-5~图 7.6-8 所示。

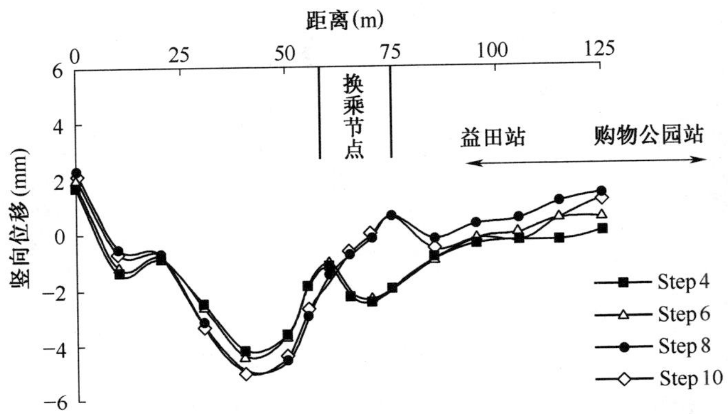

图 7.6-5　不同工序下的道床测点竖向位移曲线(右线)

从图 7.6-5 中可以看出:在 Step 8 完成后,在断面 YDK4+180 上,道床测点出现最大沉降,最大沉降值为 5 mm;在 Step 8 完成后,在断面 YDK4+140 上,道床测点出现最大隆起,最大隆起值为 2.3 mm。换乘节点开挖对道床的影响呈现“中间大、两边小”的趋势。

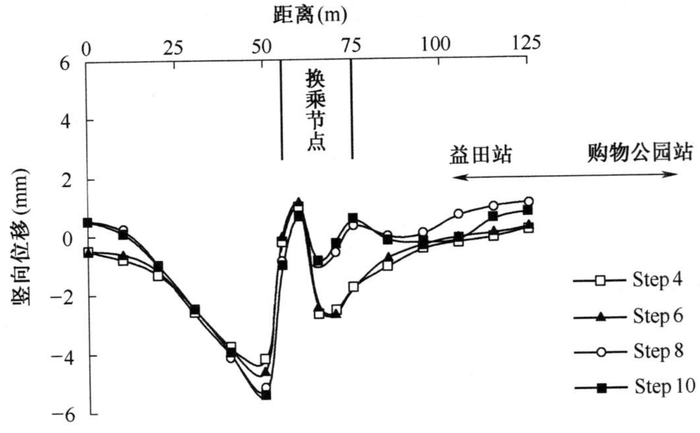

图 7.6-6　不同工序下的边墙测点 1 竖向位移曲线(右线)

从图 7.6-6 中可以看出:在 Step 10 完成后,在断面 YDK4+190 上,边墙测点 1 出现最大沉降,最大沉降值为 5.4 mm;在 Step 10 完成后,在断面 YDK4+215

上，边墙测点1出现最大隆起，最大隆起值为1.1 mm。换乘节点开挖对边墙测点1的影响呈现“中间大、两边小”的趋势。

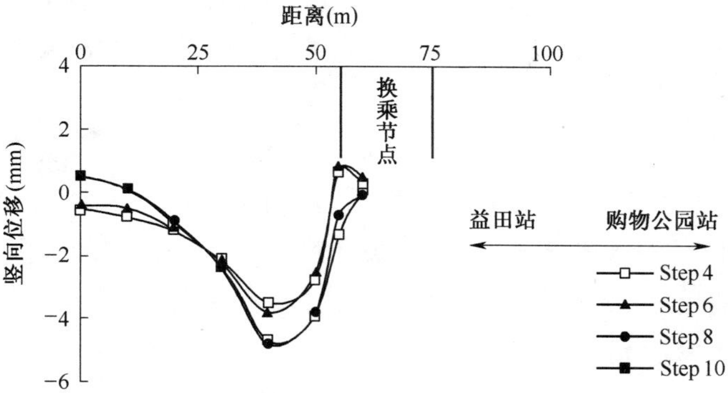

图7.6-7　不同工序下的边墙测点3竖向位移曲线(右线)

从图7.6-7中可以看出，由于地铁车站内没有边墙测点3，边墙测点3设置在盾构隧道的管片上，与道床测点和边墙测点1的竖向位移曲线相比，边墙测点3的竖向位移曲线明显短一些。与道床测点的最大沉降值和最大隆起值相比，边墙测点3的最大沉降值和最大隆起值要小得多。在Step 8完成后，在断面YDK4+180上，边墙测点3出现最大沉降，最大沉降值为4.8 mm；在Step 6完成后，在断面YDK4+195上，边墙测点3出现最大隆起，最大隆起值为0.8 mm。换乘节点开挖对边墙测点3的影响特点是：靠近换乘节点的测点影响较大，远离换乘节点的影响较小。

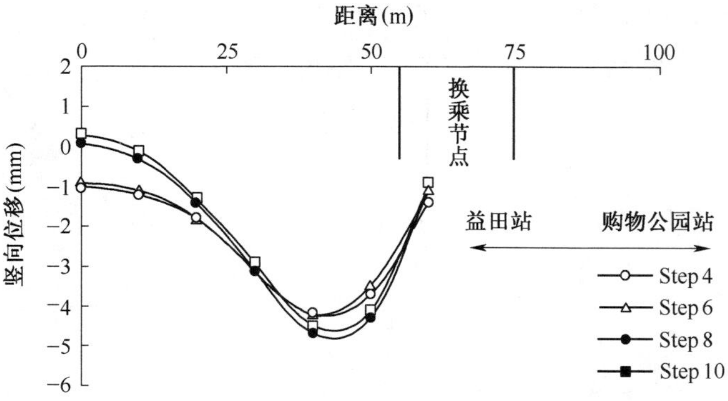

图7.6-8　不同工序下的拱顶测点竖向位移曲线(右线)

从图7.6-8中可以看出，由于地铁车站内没有拱顶测点，拱顶测点设置在盾构隧道的管片上，与道床测点和边墙测点1的竖向位移曲线相比，拱顶测点的竖向位移曲线明显短一些。与道床测点的最大沉降值和最大隆起值相比，拱顶测点的最大沉降值和最大隆起值要小得多。在 Step 8 完成后，在断面 YDK4+190 上，拱顶测点出现最大沉降，最大沉降值为 4.7 mm；在 Step 10 完成后，在断面 YDK4+140 上，拱顶测点出现最大隆起，最大隆起值为 0.3 mm。换乘节点开挖对拱顶测点的影响特点是：靠近换乘节点的测点影响较大，远离换乘节点的影响较小。

对右线隧道的拱顶测点、边墙测点 1、边墙测点 3 和道床测点的自动化监测数据整理分析后发现，最大沉降值出现在边墙测点 1，但是断面 4 个位置的最大沉降值相差不大，最大隆起值出现在道床测点。大多数测点的最大沉降值出现在 Step 8 完成后，也就是换乘节点中部剩余土体开挖完成后；大多数测点的最大隆起值出现在 Step 10 完成后，也就是拆除型钢支撑及角部斜撑，完成换乘节点施工后。在 Step 10 完成后，在断面 YDK4+190 上，边墙测点 1 出现最大沉降，最大沉降值为 5.4 mm；在 Step 8 完成后，在断面 YDK4+140 上，道床测点出现最大隆起，最大隆起值为 2.3 mm。根据《深圳城市轨道交通地下工程监测技术规范》(QB/SZMC-10102—2010)的规定，结构绝对变形量为 10 mm，而既有车站和盾构隧道的最大沉降值和隆起值满足规范规定的结构绝对变形量的要求，因此认为换乘节点开挖引起既有车站和盾构隧道的竖向变形在安全可控范围内。从总体来看，预留换乘节点施工对既有车站和盾构隧道右线的竖向位移影响较小。

7.6.3　左线隧道水平位移分析

对左线隧道的水平位移分析方法与竖向位移一致，Y 轴为水平位移，水平位移量为"+"值表示隧道向新洲方向移动，"-"值表示向水围方向移动。选取 4 个不同工序对测点水平位移进行整理分析，结果如图 7.6-9~图 7.6-12 所示。

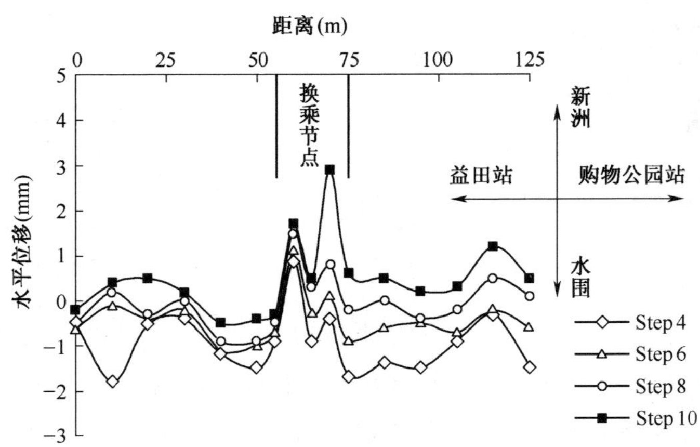

图 7.6-9　不同工序下的道床测点水平位移曲线(左线)

从图 7.6-9 中可以看出：在 Step 10 完成后，在断面 ZDK4+210 上，道床测点出现最大水平位移，最大水平位移值为 2.9 mm，向新洲方向移动；换乘节点开挖引起道床测点的水平位移开始向水围方向移动，后向新洲方向移动。换乘节点开挖对道床的影响呈现"中间大、两边小"的趋势。

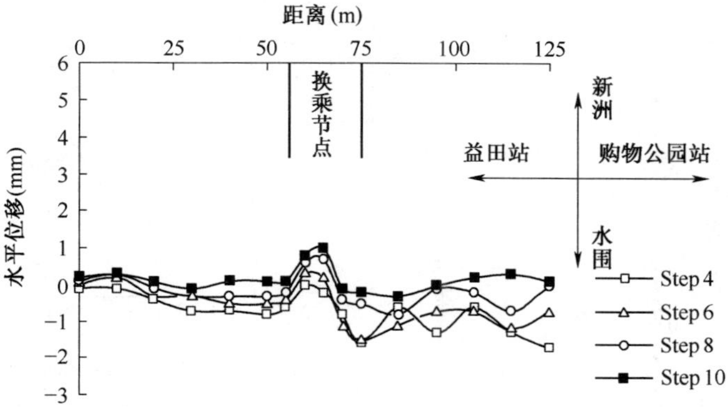

图 7.6-10　不同工序下的边墙测点 1 水平位移曲线(左线)

从图 7.6-10 中可以看出：与道床测点的最大水平位移值相比，边墙测点 1 的最大水平位移值要小一些；在 Step 4 完成后，在断面 ZDK4+265 上，边墙测点 1 出现最大水平位移，最大水平位移值为 1.7 mm，向水围方向移动；换乘节点开挖引起边墙测点 1 的水平位移开始向水围方向移动，后向新洲方向移动。换乘节点开挖对边墙测点 1 的影响呈现"中间大、两边小"的趋势。

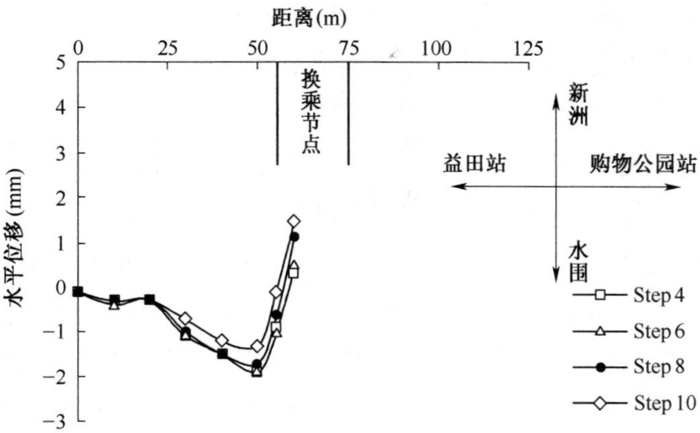

图 7.6-11　不同工序下的边墙测点 3 水平位移曲线(左线)

从图 7.6-11 中可以看出，由于地铁车站内没有边墙测点 3，边墙测点 3 设置在盾构隧道的管片上，与道床测点和边墙测点 1 的水平位移曲线相比，边墙测点 3 的水平位移曲线明显短一些。与道床测点的最大水平位移值相比，边墙测点 3 的最大水平位移值较小。在 Step 6 完成后，在断面 ZDK4+190 上，边墙测点 3 出现最大水平位移,最大水平位移值为 1.9 mm,向水围方向移动;换乘节点开挖引起边墙测点 3 的水平位移开始向水围方向移动,后向新洲方向移动。换乘节点开挖对边墙测点 3 的影响特点是:靠近换乘节点的测点影响较大,远离换乘节点的影响较小。

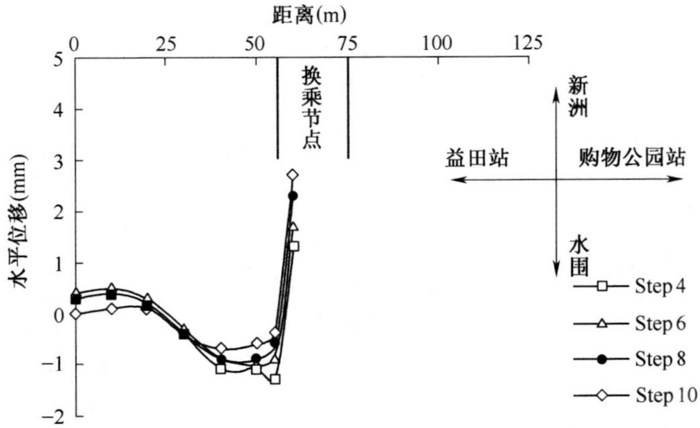

图 7.6-12　不同工序下的拱顶测点水平位移曲线(左线)

从图 7.6-12 中可以看出,由于地铁车站内没有拱顶测点,拱顶测点设置在盾构隧道的管片上,与道床测点和边墙测点 1 的水平位移曲线相比,拱顶测点的水平位移曲线明显短一些。在 Step 10 完成后,在断面 ZDK4+200 上,拱顶测点出现最大水平位移,最大水平位移值为 2.7 mm,向水围方向移动。换乘节点开挖引起拱顶测点的水平位移开始向水围方向移动,后向新洲方向移动。换乘节点开挖对拱顶测点的影响特点是:靠近换乘节点的测点影响较大,远离换乘节点的影响较小。

对左线隧道的拱顶测点、边墙测点 1、边墙测点 3 和道床测点的自动化监测数据整理分析后发现,最大水平位移值出现在道床测点,而且大多数测点的最大水平位移值出现在 Step 10 完成后,也就是拆除型钢支撑及角部斜撑,完成换乘节点施工后。在 Step 10 完成后,在断面 ZDK4+210 上,道床测点出现最大水平位移,最大水平位移值为 2.9 mm,向水围方向移动。换乘节点开挖引起各测点的水平位移开始先向水围方向移动,后向新洲方向移动。根据《深圳城市轨道交通地下工程监测技术规范》(QB/SZMC-10102—2010)的规定,结构绝对变形量为 10 mm,而既有车站和盾构隧道的最大水平位移值满足规范规定的结构绝对变形量的要求,因此认为换乘节点开挖引起既有车站和盾构隧道的水平位移在安全可控范围内。从总体来看,预留换乘节点施工对既有车站和盾构隧道左线的水平位移影响较小。

7.6.4　右线隧道水平位移分析

对右线隧道的水平位移分析方法与左线隧道一致，选取4个不同工序对测点水平位移进行整理分析，结果如图7.6-13～图7.6-16所示。

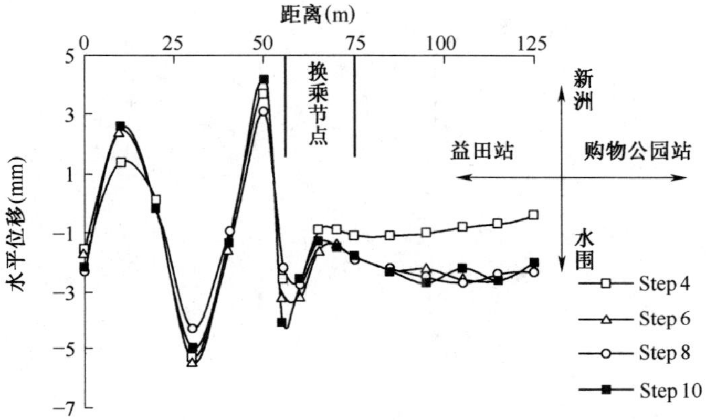

图7.6-13　不同工序下的道床测点水平位移曲线(右线)

从图7.6-13中可以看出：在Step 6完成后，在断面YDK4+170上，道床测点出现最大水平位移，最大水平位移值为5.5 mm，向水围方向移动；换乘节点开挖引起道床大多数测点的水平位移开始向水围方向移动，后向新洲方向移动；与左线隧道相比，右线隧道水平位移的变化规律性差一些。换乘节点开挖对道床的影响呈现“中间大、两边小”的趋势。

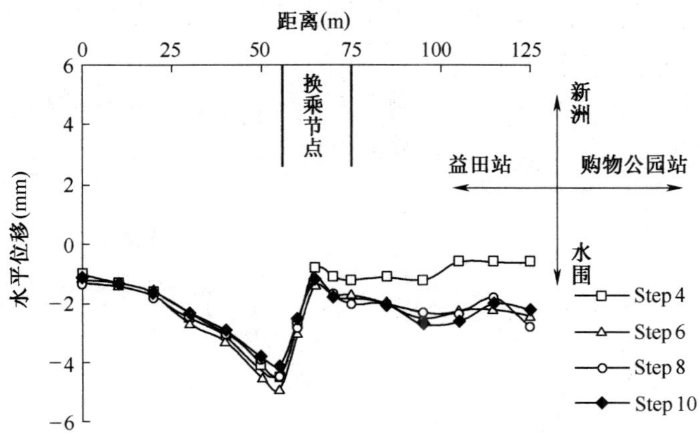

图7.6-14　不同工序下的边墙测点1水平位移曲线(右线)

从图7.6-14中可以看出：与道床测点的最大水平位移值相比，边墙测点1的最大水平位移值要小一些，在Step 6完成后，在断面YDK4+195上，边墙测点 1出现最大水平位移,最大水平位移值为 4. 9 mm,向水围方向移动;换乘节点开挖引起边墙测点 1 的水平位移开始向水围方向移动;后向新洲方向移动;与左线隧道相比,右线隧道水平位移的变化规律性差一些。换乘节点开挖对边墙测点 1 的影响呈现“中间大、两边小”的趋势。

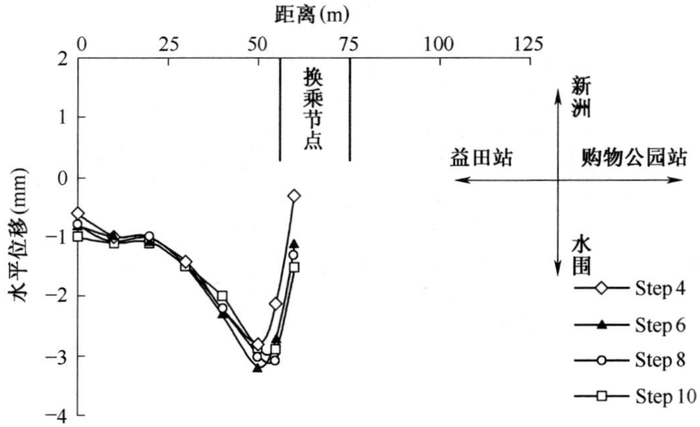

图 7. 6-15　不同工序下的边墙测点 3 水平位移曲线(右线)

从图 7. 6-15 中可以看出,由于地铁车站内没有边墙测点 3,边墙测点 3 设置在盾构隧道的管片上,与道床测点和边墙测点 1 的水平位移曲线相比,边墙测点 3 的水平位移曲线明显短一些。与道床测点的最大水平位移值相比,边墙测点 3 的最大水平位移值较小。在 Step 6 完成后,在断面 YDK4+190 上,边墙测点 3 出现最大水平位移,最大水平位移值为 3. 2 mm,向水围方向移动。换乘节点开挖引起边墙测点 3 的水平位移开始向水围方向移动,后向新洲方向移动。与左线隧道相比,右线隧道水平位移的变化规律性差一些。换乘节点开挖对边墙测点 3 的影响特点是:靠近换乘节点的测点影响较大,远离换乘节点的影响较小。

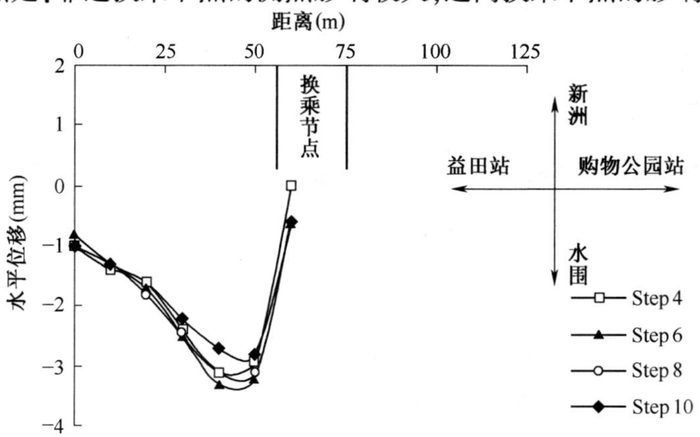

图 7. 6-16　不同工序下的道床测点水平位移曲线(右线)

从图 7.6-16 中可以看出，由于地铁车站内没有拱顶测点，拱顶测点设置在盾构隧道的管片上，与道床测点和边墙测点 1 的水平位移曲线相比，拱顶测点的水平位移曲线明显短一些。在 Step 6 完成后，在断面 YDK4+180 上，拱顶测点出现最大水平位移，最大水平位移值为 3.3 mm，向水围方向移动。换乘节点开挖引起拱顶测点的水平位移开始向水围方向移动，后向新洲方向移动。与左线隧道相比，右线隧道水平位移的变化规律性差一些。换乘节点开挖对拱顶测点的影响特点是：靠近换乘节点的测点影响较大，远离换乘节点的影响较小。

对右线隧道的拱顶测点、边墙测点 1、边墙测点 3 和道床测点的自动化监测数据整理分析后发现，最大水平位移值出现在道床测点，而且大多数测点的最大水平位移值出现在 Step 10 完成后，也就是拆除型钢支撑及角部斜撑，完成换乘节点施工后。在 Step 10 完成后，在断面 YDK4+170 上，道床测点出现最大水平位移，最大水平位移值为 5.5 mm，向水围方向移动。换乘节点开挖引起各测点的水平位移开始先向水围方向移动，后向新洲方向移动。根据《深圳城市轨道交通地下工程监测技术规范》（QB/SZMC-10102—2010）的规定，结构绝对变形量为 10 mm，而既有车站和盾构隧道的最大水平位移值满足规范规定的结构绝对变形量的要求，因此认为换乘节点开挖引起既有车站和盾构隧道的水平位移在安全可控范围内。从总体来看，预留换乘节点施工对既有车站和盾构隧道右线的水平位移影响较小。

7.6.5　典型断面的监测数据分析

为了进一步分析换乘节点施工开挖对既有车站的影响，对由于 7 号线石厦站施工引起 3 号线的水平位移和竖向位移进行清零处理，并分别在盾构隧道和地铁车站选取 4 个影响较大的断面进行分析，分别是 ZDK+200、YDK+200、ZDK+210 和 YDK+210。

为了方便和数值分析过程相结合，仍然选取在换乘节点施工过程中对 3 号线车站影响较大的 4 个工序进行研究，包括：Step 4—上下台阶法开挖下导洞；Step 6—换乘节点第一层中部土体开挖；Step 8—开挖换乘节点中部剩余土体，并架设钢支撑；Step 10—拆除型钢支撑及角部斜撑，完成换乘节点施工。4 个不同工序下 4 个典型断面对应的监测结果如图 7.6-17～图 7.6-24 所示。

1. ZDK+200 断面的沉降分析

ZDK+200 断面不同测点位置下的竖向位移如图 7.6-17 所示。图中，竖向位移“+”表示隆起，“-”表示下沉。从图 7.6-17 中可以看出：

（1）在各个工序下，拱顶测点呈现隆起状态，在 Step 10 完成后，拱顶测点的隆起值达到最大,最大隆起值为 0. 8 mm。

(2)在各个工序下,边墙测点 3 也呈现隆起状态,在 Step 10 完成后,边墙测点 3 的隆起值达到最大,最大隆起值为 2. 2 mm。

(3)在各个工序下,边墙测点 1 呈现下沉状态,在 STEP 8 完成后,边墙测点 1 的沉降值达到最大,最大沉降值为 1. 8 mm。

(4)在各个工序下,道床测点呈现下沉状态,在 Step 10 完成后,道床测点的沉降值达到最大,最大沉降值为 5. 6 mm。

从整体上分析,换乘节点施工开挖对道床测点的竖向位移影响较大,对拱顶测点、边墙测点 1 和边墙测点 3 的竖向位移影响较小。

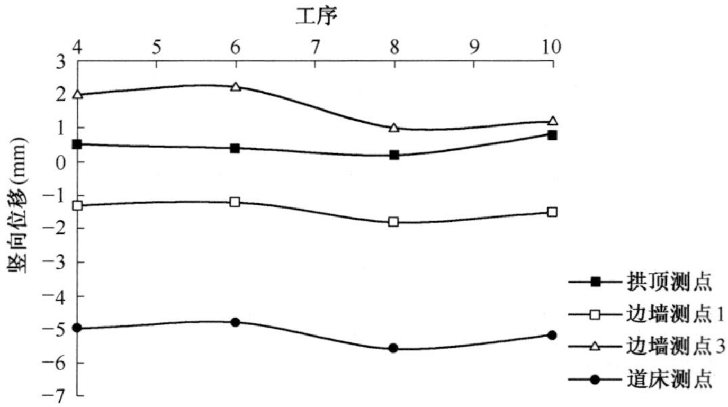

图 7. 6-17　ZDK+200 断面不同测点位置下的竖向位移曲线

2. ZDK+200 断面的水平位移分析

ZDK+200 断面不同测点位置下的水平位移如图 7. 6-18 所示。图中,水平位移量为“+”值表示隧道向新洲方向移动,“-”值表示向水围方向移动。从图 7. 6-18 中可以看出:

(1)在各个工序下,拱顶测点向新洲方向移动,在 Step 10 完成后,拱顶测点的水平位移达到最大,最大水平位移为 2. 7 mm。

(2)在各个工序下,边墙测点 3 向新洲方向移动,在 Step 10 完成后,边墙测点 3 的水平位移值达到最大,最大水平位移值为 1. 5 mm。

(3)在各个工序下,边墙测点 1 向新洲方向移动,在 Step 10 完成后,边墙测点 1 的水平位移值达到最大,最大水平位移值为 0. 8 mm。

(4)在各个工序下,道床测点向新洲方向移动,在 Step 10 完成后,道床测点的水平位移值达到最大,最大水平位移值为 1. 7 mm。

从整体上分析,换乘节点施工开挖对拱顶测点和道床测点的水平位移影响较大,对边墙测点1和边墙测点3的水平位移影响较小。

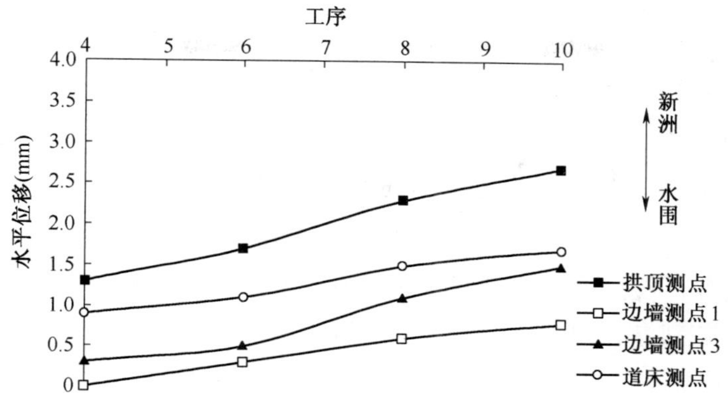

图7.6-18　ZDK+200断面不同测点位置下的水平位移曲线

3. YDK+200断面的沉降分析

YDK+200断面不同测点位置下的竖向位移如图7.6-19所示。从图7.6-19中可以看出:

(1)在各个工序下,拱顶测点呈现下沉状态,在Step 4完成后,拱顶测点的沉降值达到最大,最大沉降值为1.4 mm。

(2)在各个工序下,边墙测点3呈现隆起状态,在Step 6完成后,边墙测点3的隆起值达到最大,最大隆起值为0.5 mm。

(3)在各个工序下,边墙测点1呈现隆起状态,在Step 6完成后,边墙测点1的隆起值达到最大,最大隆起值为1.1 mm。

(4)在各个工序下,道床测点呈现下沉状态,在Step 10完成后,道床测点的

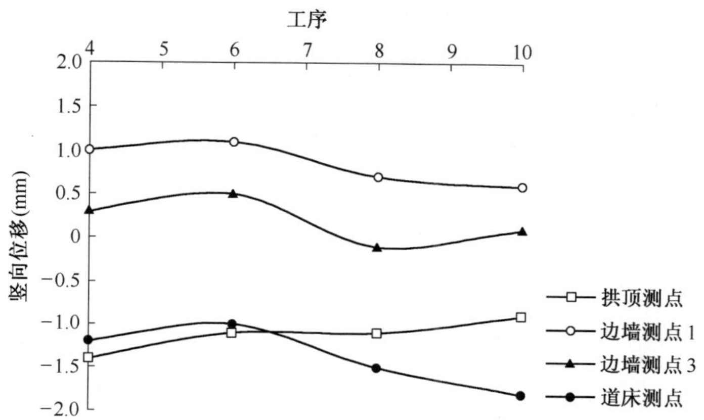

图7.6-19　YDK+200断面不同测点位置下的竖向位移曲线

沉降值达到最大,最大沉降值为 1.8 mm,与左线隧道同一断面最大沉降值为 5.6 mm相比,明显变小。

从整体上分析,换乘节点施工开挖对道床测点和拱顶测点的竖向位移影响较大,对边墙测点 1 和边墙测点 3 的竖向位移影响较小。

4. YDK+200 断面的水平位移分析

YDK+200 断面不同测点位置下的水平位移如图 7.6-20 所示。从图 7.6-20 中可以看出:

(1)在各个工序下,拱顶测点向水围方向移动,在 Step 10 完成后,拱顶测点的水平位移达到最大,最大水平位移为 0.6 mm。

(2)在各个工序下,边墙测点 3 向水围方向移动,在 Step 10 完成后,边墙测点 3 的水平位移值达到最大,最大水平位移值为 1.5 mm。

(3)在各个工序下,边墙测点 1 向水围方向移动,在 Step 6 完成后,边墙测点 1 的水平位移值达到最大,最大水平位移值为 3 mm。

(4)在各个工序下,道床测点向水围方向移动,在 Step 6 完成后,道床测点的水平位移值达到最大,最大水平位移值为 3.2 mm。

从整体上分析,换乘节点施工开挖对边墙测点 1 和道床测点的水平位移影响较大,对拱顶测点和边墙测点 3 的水平位移影响较小。

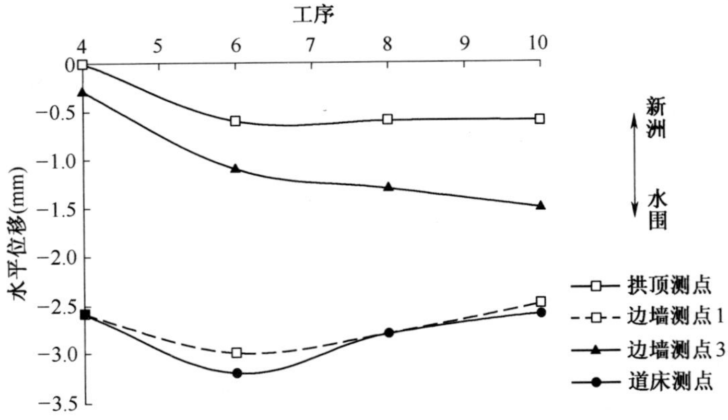

图 7.6-20 YDK+200 断面不同测点位置下的水平位移曲线

5. ZDK+210 断面的沉降分析

ZDK+210 断面不同测点位置下的竖向位移如图 7.6-21 所示。从图 7.6-21 中可以看出:

(1)在各个工序下,道床测点呈现先下沉后隆起状态,在 Step 4 完成后,道床测点的沉降值达到最大,最大沉降值为 3.1 mm,而在 Step 10 完成后,道床测点的隆起值达到最大,最大隆起值为 2 mm。

(2)在各个工序下,边墙测点 1 呈现先下沉后隆起状态,在 Step 6 完成后,边墙测点 1 的沉降值达到最大,最大沉降值为 1.5 mm,而在 Step 10 完成后,边墙测点 1 的隆起值达到最大,最大隆起值为 0.9 mm。

从整体上分析,换乘节点施工开挖对道床测点的竖向位移影响较大,对边墙测点 1 的竖向位移影响较小。

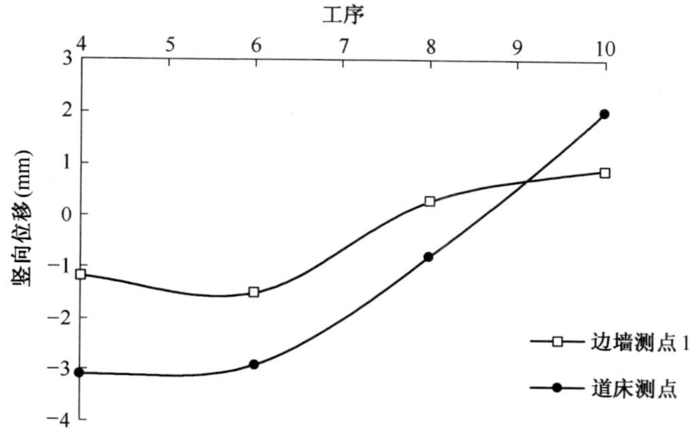

图 7.6-21　ZDK+210 断面不同测点位置下的竖向位移曲线

6. ZDK+210 断面的水平位移分析

ZDK+210 断面不同测点位置下的水平位移如图 7.6-22 所示。从图 7.6-22 中可以看出:

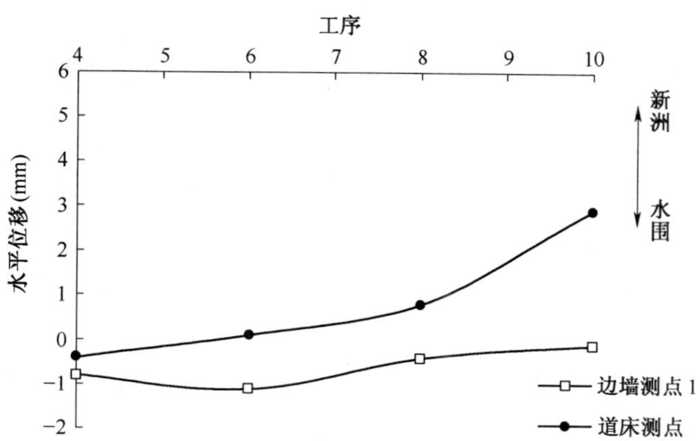

图 7.6-22　ZDK+210 断面不同测点位置下的水平位移曲线

(1)在各个工序下,道床测点先往水围方向移动,后往新洲方向移动,在

Step 10 完成后,道床测点的水平位移达到最大,最大水平位移为 2. 9 mm。

(2)在各个工序下,边墙测点 1 先往水围方向移动,后往新洲方向移动,在 Step 6 完成后,边墙测点 1 的水平位移达到最大,最大水平位移为 1. 1 mm。

从整体上分析,换乘节点施工开挖对道床测点的水平位移影响较大,对边墙测点 1 的水平位移影响较小。

7. YDK+210 断面的沉降分析

YDK+210 断面不同测点位置下的竖向位移如图 7. 6-23 所示。从图 7. 6-23 中可以看出:

(1)在各个工序下,道床测点呈现先下沉后隆起状态,在 Step 4 完成后,道床测点的沉降值达到最大,最大沉降值为 2. 5 mm。

(2)在各个工序下,边墙测点 1 也呈现先下沉后隆起状态,在 Step 6 完成后,边墙测点 1 的沉降值达到最大,最大沉降值为 2. 7 mm。

从整体上分析,换乘节点施工开挖对道床测点和边墙测点 1 的竖向位移影响均较小。

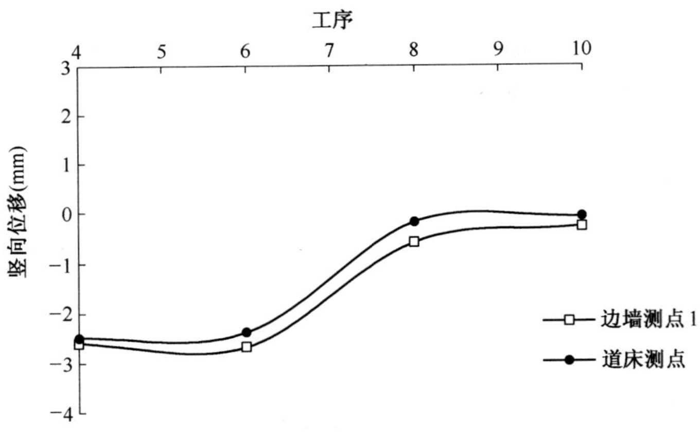

图 7. 6-23　YDK+210 断面不同测点位置下的竖向位移曲线

8. YDK+210 断面的水平位移分析

YDK+210 断面不同测点位置下的水平位移如图 7. 6-24 所示。从图 7. 6-24 中可以看出:

(1)在各个工序下,道床测点往水围方向移动,在 Step 10 完成后,道床测点的水平位移达到最大,最大水平位移为 1. 5 mm。

(2)在各个工序下,边墙测点 1 先往水围方向移动,在 Step 10 完成后,边墙测点 1 的水平位移达到最大,最大水平位移为 1. 8 mm。

从整体上分析,换乘节点施工开挖对道床测点和边墙测点 1 的水平位移影响均较小。

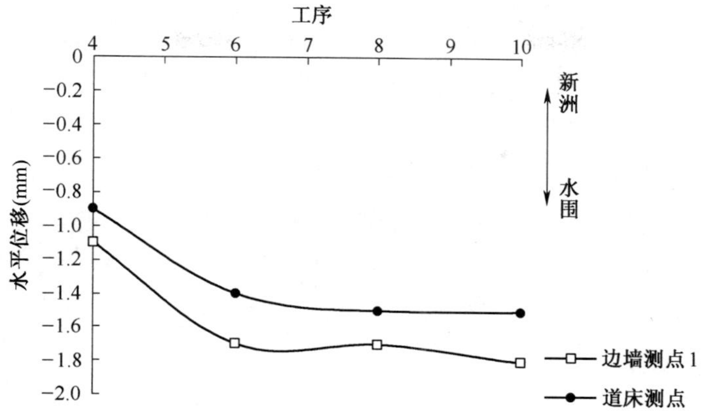

图 7.6-24　YDK+210 断面不同测点位置下的水平位移曲线

7.7　监测与数值计算结果对比分析

选取 4 个不同工序对测点竖向位移进行数值计算结果和监测数据的对比分析,结果如图 7.7 所示。从图 7.7 中可以看出,数值计算结果与实测结果相近,变化规律相近。

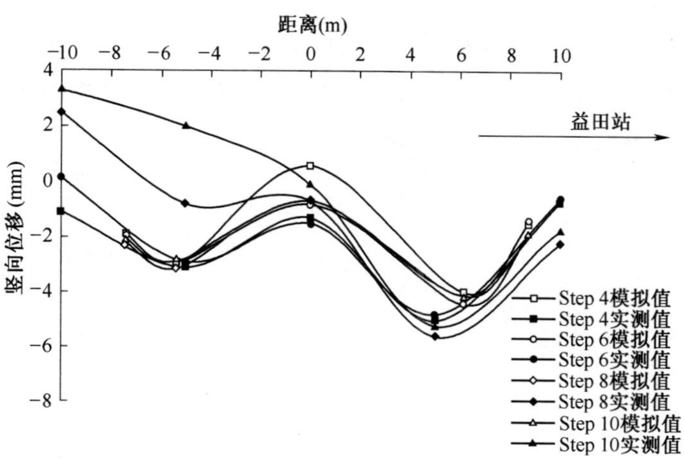

图 7.7　沉降监测结果和计算结果对比曲线

数值计算结果与实测结果都表明,换乘节点负三层土体的开挖,导致换乘节点负二层中板呈现先下沉后略微隆起的变化规律。负二层中板最大沉降值都出现在 Step 8 完成后,即开挖换乘节点中部剩余土体后。数值计算结果为

4. 41 mm,实测结果为 5. 6 mm,数值计算结果略小于实测结果。根据《深圳城市轨道交通地下工程监测技术规范》(QB/SZMC-10102—2010)的规定,结构绝对变形量为 10 mm,而负二层中板的最大沉降计算值为 4. 41 mm,最大沉降实测值为 5. 6 mm,满足规范规定的结构绝对变形量的要求,因此认为换乘节点负二层中板的竖向变形在安全可控范围内。

由于数值模拟结果和实测结果基本一致,因此利用 ABAQUS 有限元软件进行施工过程的数值计算是一种可行的方法,可以为类似工程的建设提供参考和借鉴。

7.8 本章小结

(1)采用徕卡 TS30 测量机器人与 GeoMos 专业监测软件构建自动变形监测系统,包括数据采集、数据传输、系统总控、数据处理、数据分析和数据管理等。

(2)换乘节点施工对靠近换乘节点的自动化监测点影响较大,对远离换乘节点的自动化监测点影响较小。

(3)监测点的竖向位移和水平位移在换乘节点中部剩余土体开挖完成后达到最大值,竖向位移呈现先沉降后略微隆起的趋势,而水平位移呈现最终向新洲方向移动,且最大水平位移和最大竖向位移均出现在道床监测点上,所以应重点关注道床变形。

(4)由换乘节点开挖引起的 3 号线最大沉降值为 5. 6 mm,最大水平位移值为 4. 7 mm,数值模拟结果和实测结果基本一致,换乘节点开挖引起既有车站和盾构隧道的变形均在安全可控范围内。

第8章　主要研究成果

8.1　主要研究结论

以深圳地铁7号线石厦站与3号线换乘节点工程施工为研究背景，利用施工安全风险评估法、有限元数值模拟方法、现场监测、施工工艺开发与总结的综合研究方法，进行了“城市轨道交通运营地下车站拓建关键技术”研究，主要研究结论如下：

(1)综合层次分析法、风险矩阵评估方法和模糊综合评估法，在三因素(地质风险因素、设计施工风险因素和环境风险因素)风险识别的基础上，建立了地下车站拓建施工安全风险评估方法。

(2)对本次地下车站拓建施工过程进行了三因素风险识别，得出控制因素为淤泥质土，饱和状态下黏性土、粉土和砾质黏性土，地下三层车站，车站东北侧距福民加油站10.2 m，7号线与3号线石厦站换乘节点，3号线地下三层部分连续墙未施作(基坑围护结构未封闭)。

(3)经各风险因素对应的不同风险等级隶属度的计算，根据最大隶属度原则提出了本次地下车站拓建施工安全风险等级为Ⅰ级，为施工安全措施的制定提供了依据。

(4)依据施工安全风险评估结果，提出了施工安全风险控制技术措施，并从树根桩改用挖孔桩、底纵梁处增设横通道、换乘节点电缆夹层板补强、换乘节点开挖优化、后浇带暗柱及过梁优化等方面进行了施工方案优化，提出了施工过程中需对换乘节点、已运营3号线车站及盾构隧道进行重点监测，并给出了详细的监测内容及其控制指标。

(5)在研究“拓建”工艺流程的基础上，提出了城市轨道交通运营地下车站拓建技术施工工艺顺序，并针对角洞及第一层土方开挖、剩余土方开挖、全断面注浆、导洞管棚施工、节点内结构施工和节点内堵漏提出了施工要点。

(6)首次创新地建立了“城市轨道交通运营地下车站拓建关键技术”，详细解决了地下连续墙封闭、全断面注浆、分层分部开挖断面大小、顺序与支护、结构受力体系转换等城市轨道交通运营地下车站拓建中的关键难题，形成了“运营线路地铁车站换乘节点逆作施工工法”，成功保证了开挖过程中3号线的运营安全。

(7)利用有限元方法对拓建过程力学行为进行了三维仿真分析,详细分析施工过程中车站结构的力学行为,包括换乘节点顶板、负一层中板和负二层中板的变形、弯矩和轴力以及换乘节点负三层土体开挖对既有结构板和地下连续墙的影响。

(8)换乘节点“拓建”的施工方法和工艺有效控制了既有结构的变形,通过开挖前进行注浆封闭止水及洞内开挖时补注浆、分层分块开挖节点范围内的土体以及小导洞注浆+台阶法+临时仰拱的施工方法的应用,施工过程中出现的最大沉降值仅为 4.41 mm,小于控制值 10 mm,保证了运营车站既有结构的运营安全。

(9)基于徕卡 TS30 测量机器人与 GeoMos 专业监测软件构建了地下车站拓建自动化监测技术,现场监测结果表明:换乘节点施工对靠近换乘节点的自动化监测点影响较大,对远离换乘节点的自动化监测点影响较小;监测点的竖向位移和水平位移在换乘节点中部剩余土体开挖完成后达到最大值,均出现在道床监测点上。

(10)现场监测道床的最大沉降值为 5.6 mm,最大水平位移值为 4.7 mm,实测结果与数值模拟结果基本一致,在安全可控范围内,验证了本课题研究建立的“城市轨道交通运营地下车站拓建关键技术”是可行的,具有推广应用价值。

8.2　主要创新点

(1)基于风险矩阵评估方法和模糊综合评估法建立了地下车站拓建施工安全风险评估方法,并应用该法对换乘节点拓建进行了施工安全风险评估,其等级为Ⅰ级,最后依据评估结果优化了施工方案,并详细提出了安全风险施工控制工艺措施。

(2)首次创新地建立了“城市轨道交通运营地下车站拓建关键技术”,解决了地下连续墙封闭、全断面注浆、分层分部开挖断面大小、顺序与支护、结构受力体系转换等城市轨道交通运营地下车站拓建中的关键难题,形成了“运营线路地铁车站换乘节点逆作施工工法”,成功保证了开挖过程中 3 号线的运营安全。

(3)利用 ABAQUS 有限元软件建立三维模型,详细分析施工过程中车站结构的力学行为,提出了换乘节点负三层土体开挖对既有结构板和地下连续墙的内力和变形影响规律。

(4)探明了运营地下车站拓建换乘节点桩基受力的转换规律,构建了新旧车站结构共同受力体系,经现场自动化监测,实现了运营地下车站最大累计竖向位移值 5.6 mm 和最大水平位移值 4.7 mm 的控制效果，均小于控制值 10 mm，确保了运营安全。

8.3　主要研究成果及社会经济效益

1. 研究取得的主要成果

(1) 获批湖南省 2017 年度工程建设省级工法"运营线路地铁车站换乘节点逆作施工工法"(编号：HNJSGF260—2017)。

(2) 本课题研究成果作为中国电建集团重大专项"复杂环境混合地层条件下地铁修建关键技术与应用"的创新点之一，获得了中国电力建设集团 2018 年度科学技术奖特等奖、中国施工企业管理协会 2018 年度科学技术奖特等奖。

2. 经济效益

深圳地铁 7 号线石厦站与运营地铁 3 号线的换乘节点施工作为全线瞩目的高难度高风险点，采用建立的"城市轨道交通运营地下车站拓建关键技术"按期、安全地完成了施工任务，并确保了 3 号线的安全正常运营。该换乘节点采用注浆加固后的暗挖法"拓建"共投入费用约 3 000 万元，相对于冷冻法施工的费用 5 000 万元节约成本 2 000 万元，取得了良好的经济效益。

3. 社会效益

在深圳地铁 7 号线石厦站与运营地铁 3 号线的换乘节点施工中，本课题研究成果"城市轨道交通运营地下车站拓建关键技术"的成功应用，为安全、经济、高质量地按期完成换乘节点的施工提供了技术支撑，也保障了 3 号线的安全正常运营。

2018 年 3 月 26 日中科院陈云敏院士、工程院陈湘生院士、史玉新设计大师等多名专家在北京对中国电建集团重大专项(ZDZX-7)"复杂环境混合地层条件下地铁修建关键技术与应用"成果进行了鉴定，主要创新点"窄小空间混合地层中地铁与超大规模地下空间同步施工技术"、"极小净距重叠盾构隧道同步下穿既有高速铁路多重近接控制技术"、"复杂多变混合地层条件下地铁区间盾构隧道施工技术"和"新建地铁车站下穿既有运营车站换乘节点施工技术"达到了国际领先水平。

作为深圳地铁三期工程的重要部分，深圳地铁 7 号线结构安全稳定、线路运行平稳，乘坐舒适度高，更是深圳最便捷的换乘线路之一，7 号线开通的换乘站共 10 座，可以和地铁 1 号线、2 号线、3 号线、4 号线、5 号线、11 号线及同期开通的 9 号线换乘，换乘车站采用同站台换乘、站厅换乘、十字交叉换乘、通道换乘等多种方式。

7 号线的开通大大完善了深圳地铁运营线网:线路首次在西丽桃源村设置站点,惠及片区 20 万居民;直达皇岗口岸,赴港更便捷;华强北片区形成了一个以轨道交通为核心的地下空间综合体,释放超过 20 000 m^2 的地下商业空间,成功实现通过地铁建设带动城市整体功能升级与改造的目的。

本研究成果可用于深圳市以及其他城市地铁车站的在建、改建和扩建工程,为其设计与施工提供工法新思路和工艺技术保障,并可为今后类似工程换乘节点等车站拓建提供引领和示范。

参考文献

[1] 刘立．降低地铁造价是确保地铁建设可持续发展的根本措施[J]．铁道勘察,2006(1):85-86.

[2] 周培培,袁雷,吴薇薇．预测轨道交通建设对城市商业空间的影响——以南通地铁1、2号线为例[J]．江苏建筑,2018(2):23-25.

[3] 周牧之．金融危机下的中国大城市群发展策略[J]．城市与区域规划研究,2010,3(1):15-32.

[4] 李围,何川．盾构隧道近接下穿地下大型结构施工影响研究[J]．岩土工程学报,2006(10):1277-1282.

[5] 李围,何川,张志强．大型地下结构下修建盾构隧道模型试验[J]．西南交通大学学报,2005(4):478-483.

[6] 孟庆明．膨胀岩地铁车站深基坑快速施工技术[J]．应用技术学报,2017,17(4):337-340.

[7] 杨永杰,常洲,孙宏江,等．高寒地区地铁地连墙防水体系构建及施工技术[J]．应用技术学报,2018,18(3):243-246.

[8] 李围,何川,陈晓婷．配合盾构法建成三连拱地铁车站模型试验研究[J]．工程力学,2010,27(S2):245-248.

[9] 李围,何川,张海波．扩挖盾构隧道建成两连拱地铁车站模型试验[J]．岩土力学,2008,29(12):3261-3265.

[10] 刘昕．盾构隧道拓建地铁车站施工方法研究[J]．山西建筑,2013,39(24):182-184.

[11] 胡高鹏．地铁西直门站三线换乘通道对立交桥的影响及保护[J]．城市住宅,2010(4):112-113.

[12] 刘沐良．北京地铁10号线国贸站换乘通道风险源施工设计关键工程措施[J]．铁道标准设计,2006(4):76-78.

[13] 徐正良,杜昌锦,汪时中,等．轨道交通徐家汇枢纽站方案研究[J]．中国市政工程,2002(3):55-58.

[14] 王维朋,漆泰岳,陈策．广州地铁6号线海珠广场站换乘通道近接施工数值模拟[J]．铁道标准设计,2007(9):67-69.

[15] 杨世东,刘庆方．盖挖换乘站换乘节点桩柱预留设计及施工技术研究[J]．隧道建设,2013, 33(3):190-195.

[16] 熊竺．利用二层车站围护施工三层换乘节点的方法[J]．土工基础,2015, 29(3):96-99.

[17] 井博晖,刘建志．软土地区超深预留换乘节点结构稳定性研究[J]．天津建设科技,2011,24(3):48-50.

[18] 李维祥. 地铁车站下穿铁路站场施工技术与安全性研究[D]. 南京:河海大学, 2007.

[19] 卿淞. 上海地铁“十”形换乘地铁车站施工技术[J]. 城市道桥与防洪,2010,27(10):124-127.

[20] 张悦,石义军. 广州地铁三号线体育西站的节点结构设计和施工工法[J]. 铁道勘测与设计, 2004, 34(4):93-97.

[21] 姚宪平,陈正杰. 为“零换乘”而穿越上海市轨道交通 1、4 号线上海体育馆站设计、施工回顾[J]. 地下工程与隧道,2008,22(1):9-12.

[22] 裴烈烽,童立农,任向东,等. “零距离”穿越运营地铁车站的综合施工技术[J]. 上海建设科技,2005,27(3):9-11.

[23] 孔祥鹏,刘国彬,廖少明. 明珠线二期上海体育馆地铁车站穿越施工对地铁一号线车站的影响[J]. 岩石力学与工程学报,2004,23(5):821-825.

[24] 陈少波,张志勇,杜毅. 平行换乘枢纽中后建地铁车站基坑变形性状实测分析[J]. 地下工程与隧道,2004,18(1):36-39.

[25] 谢秀栋,刘国彬,李志高,等. 邻近运营地铁车站基坑开挖土层位移特性分析[J]. 地下空间与工程学报,2007,3(4):742-744.

[26] 谢弘帅. 深基坑开挖对临近地铁车站基坑影响的有限元计算分析[J]. 上海地质, 2009, 30(2):54-58.

[27] 李志高,曾远,刘国彬. 邻近地铁车站基坑开挖位移传递规律数值模拟[J]. 岩土力学, 2008,29(11):3104-3108.

[28] 吴小将. 同站厅平行换乘地铁车站深基坑施工变形控制研究[D]. 上海:同济大学,2006.

[29] 孙巍,陈绪禄,姚燕明. 确保地铁换乘车站安全的设计措施[J]. 地下工程与隧道, 2004,18(4):2-8.

[30] 董海斌. 平行换乘车站基坑外土压力特征及墙体变形[J]. 中国市政工程,2008(4):82-83.

[31] 王燕燕,莫海鸿. 基坑开挖对近距离地铁隧道及车站影响的计算分析[J]. 科学技术与工程,2011,11(24):5854-5857.

[32] 姚燕明,周顺华,孙巍,等. 坑底加固对平行换乘车站基坑变形影响的计算分析[J]. 地下空间,2004,24(1):7-10.

[33] 王毅斌. 平行换乘车站基坑靠运营侧地下墙变形计算研究[J]. 西部探矿工程,2005,16(4):10-12.

[34] 高伟君,姚燕明,蔚俊霞. 列车荷载对平行换乘地铁车站深基坑变形影响[J]. 岩土力学,2004,25(S2):375-378.

[35] 毕湘利,周顺华. 列车振动荷载对邻近深基坑的既有站变形影响[J]. 同济大学学报:自然科学版,2004,34(12):1599-1602.

[36] 王帆,覃亚伟. 地铁区间施工周边环境安全风险评估方法研究[J]. 土木工程与管理学

报, 2013,30(4):87-92,98.

[37] 翟志刚. 北京地铁施工阶段安全风险技术管理[J]. 施工技术,2011,40(24)86-88.

[38] 黄鑫琢,刘继强. 深圳地铁5号线BT模式下的重大安全风险预控[J]. 现代城市轨道交通,2010(2):9-11.

[39] 钟威,陈建平,孙金山. 武汉地铁2号线矿山法施工区间隧道风险分析及其控制[J]. 安全与环境工程,2012,19(1):103-107,111.

[40] 贾俊峰. 城市轨道交通土建工程施工安全风险管理研究[D]. 北京:北京交通大学,2006.

[41] H. H. Einstein. Risk and Risk Analysis in Rock Engineering[J]. Tunnelling and Underground Space Technology, 1996, 11(2):141-155.

[42] A. J. M. Snel, D. R. S. Van Hasselt. Risk Managment in the Amsterdam North Southmetro Line:a Matter of Process Communication instead of Calculation[C]// Proceedings of the World Tunnel Congress, 1999:179-186.

[43] 佐藤久,田中胜雄. 日本隧道工程的发展和灾害情况统计[J]. 隧道与地下工程,1998, 5(4):1-9.

[44] Alan N. Beard. Tunnel Safety, Risk Assessment and Decision-making[J]. Tunnelling and UndergroundSpace Technology,2010,25(1):91-95.